AF196462

Thomas Dunn

OHNE GEGENÜBER
IN DER GLEICHZEITIGKEIT

Der Autor

Thomas Dunn wurde mit irischem Namen 1942 als Bürger von Zürich geboren, wo er auch lange Zeit lebte. Er schloss ein Studium mit Doktorat ab. Später folgten autodidaktische Studien im Gebiet von vergleichender Religionswissenschaft und östlicher Philosophie.

Von 2004 bis 2018 in den Südalpen wohnhaft. In der Zeit um 2015 - 2018 steht das Thema Gleichzeitigkeit im Zentrum.

homepage: www.dunn.ch

Thomas Dunn

OHNE GEGENÜBER
IN DER GLEICHZEITIG-
KEIT

Menschliche Wahrnehmung

und die Wirklichkeit

© 2018 Thomas Dunn
Umschlag: Thomas Dunn
Lektorat, Korrektorat: Thomas Dunn
Buchsatz: Thomas Dunn
2. durchgesehene Auflage

Verlag & Druck: tredition GmbH, Hamburg

978-3-7482-0534-0 (Paperback)
978-3-7482-0535-7 (Hardcover)

*SIE drückt sich durch Fleisch aus; man
sieht es bei Sängern und Sängerinnen
deutlich, wenn die singen.*

*"Die Welt aber jenseits der Wirklichkeit und
Verblassung des SINNS, sie gleicht der
Musik, die nicht mit Saiten hervorgebracht
wird."* Dschuang-Dsi

*Das Wissen ist wie ein Spuk oder ein Nebelgebilde,
das durch die Köpfe der Menschen zieht.*

*Was uns zurückbringt in die Wirklichkeit, ist die
Nicht-Wahrnehmung.*

Thomas Dunn, Gleichzeitigkeit immer, S. 35
und S.89

INHALT   mit Motiven

Titelwahl
Es wird gesagt, dass menschliche Wahrnehmung die
absolute Wirklichkeit nicht erfasst.
Hingegen ist die menschliche Wahrnehmung ein
kosmisches Wirken.

„Einzig und Überall" ist eine Intuition
Hilfreiche Bilder für den Geist
Realität und das eigene Wesen
Es gibt keine Zweiheit
Andere Wörter für dasselbe
Momente sind ohne Gegenüber
Was haben Zeit und Gleichzeitigkeit miteinander zu tun?

Was kommt: das sind Gedanken, Anschauungen,
von Formen.
Alle Gegenstände, auch der Mensch, sind
vorübergehend da.
Der Mensch ist ein selektiver Spiegel, leider überheblich.
besessen.
Eines ist Vieles, alles verschwindet wieder.

Bewegungen erfolgen gleichzeitig.

in Literatur, Religion, Wissenschaft
Kosmisches Denken in Indien, China
Buddhismus und Gleichzeitigkeit
Die „heiligen" Schriften, die wir haben.
Mystik als Selbsthilfe

Nicht zu begreifen, sogar die Materie ist inspiriert

Wie konnte das nur geschehen?
Die Entstehung des homo sapiens.
GLEICHZEITIGKEIT bringt Dauer in die Entwicklung.
Alles ist auf einmal da.
Vergangenheit ist in der Gegenwart aufgegangen.
Der Mensch durchdringt den Spiegel nicht.
Aber es gibt Gedankenreisen in die Vergangenheit.
Kommt der Niedergang? Ist der Kosmos unheimlich?
Gleichzeitigkeit als Frieden.

Der Mensch ist ein Herdentier.
Es geht um Anpassung. Erzeugung von Scheinwelten.

Der Schleier der Maya.
Menschliche Scheinwelten sind verbindlich, können
aber entarten. Wie kommen wir daraus heraus und
machen es besser? Und wie lange können wir davon frei
sein?

Der eigene Atem, das Brennen der Welt, die Silbe OM,
die individuelle Gestalt, der Ort, wo ich mich befinde:
Das und noch mehr hier.
Es geht um das Erscheinen EIN- und DESSELBEN.
Überall ist eine Bewegung, aber wer glaubt, dass der
Kosmos ein Ziel hat?
Was gekommen ist, wird vom Gehen aufgefressen.
Dazu das Bild des Uroboros. Das kosmische Brennen.

Erlösungsvorstellungen meinen das eigene Wesen und
das Wesen der Welt.
Wo einer ein Suchender ist, ist er auch der Finder.
Emporziehende Bilder gibt es. Jesus als Inbegriff.
Es gibt noch mehr „gute Gegenüber".
Aber von Natur aus hat man kein Gegenüber.
Das eigene Wesen ist „selbst" ohne ein Gegenüber.

Woher kommt eine Bemühung um Geistiges?

Natürlich aus dem eigenen Wesen von selbst.

Ob es wohl ein Trieb ist?

Und führt dieser Trieb gleich zum Geistesblitz der totalen Erkenntnis?

Es ist kontrovers, wie weit es willentliche Anstrengung gehen darf und welche Formen sie annehmen soll.

Wir konsultieren die Meinung von Zenmeistern.

Es wird ein Urzustand empfohlen. Er ist „gleichzeitig und immer", was sonst?

Es ist möglich, dem zu vergeben, was entstanden ist. Vergebt Fehlern, dem Bösen und Üblen.

„Vergebt der Welt, denn sie weiss nicht, was sie tut."

Es wird nochmals dasselbe gesagt und auch, dass das Gejagtsein von Bildern und Vorstellungen vom Ziel ablenkt. Man muss schauen, dass man sich nicht dumme Ziele setzt und sich mit dummen Vorstellungen brüstet.

VORBEMERKUNG

Ich habe schon in einem ersten Band mit Titel GLEICHZEITIGKEIT, IMMER versucht zu erklären, dass im Weltall alles gleichzeitig stattfindet. „Die ganze Welt IST gleichzeitig", das war der Grundgedanke.

Hier nun habe ich ein zweites Buch über GLEICHZEITIGKEIT geschrieben. Der Arbeitstitel hiess bis vor kurzem:
„Über die Gleichzeitigkeit der *Weltentstehung*".

Denn das Ziel dieses Buchs war zunächst, ein wenig mehr einzugehen auf die Tatsache, dass die Welt für uns *entstanden* und *real* ist.

Warum habe ich dann den Titel „Über die Gleich-zeitigkeit der *Weltentstehung*" aufgegeben?

Weil der Titel suggeriert, dass die Angelegenheit statisch ist, man also etwas Entstandenes anschau-en kann, als wäre die entstandene Welt ein Ding, das man betrachten und beurteilen kann.

GLEICHZEITIGKEIT ist aber eher ein Fliessen, nicht

jenseitig, sondern gegenwärtig. Nun muss man nicht meinen, dass man mit dem Begriff „Fliessen", die GLEICHZEITIGKEIT erfasst hat.

Es geht nicht, dass wir DIE GLEICHZEITIGKEIT wie einen Begriff behandeln. Wir müssen etwas Unbegreifliches gelten lassen. Sonst kommen wir nicht weiter.

Die Welt und alle Dinge sind unbegreiflich, und in ihnen steckt eine „besondere" Unverständlichkeit: eine verborgene Präsenz. Wenn die Dinge eine unverständliche Präsenz in sich bergen, kommt das von der GLEICHZEITIGKEIT her, von DER sie ausgehen.

Ein Mensch kann merken, dass er inmitten einer unverstandenen Welt zu einem zweifelhaften Bewusstsein erwacht ist, welches nichts versteht.

Ein übender und interessierter Mensch wird dann versuchen, ein Sensorium für das zu entwickeln, was über der Bewusstheit steht:
Teils ist es drüber, teils ist es auch mitten drin, denn SIE, die GLEICHZEITIGKEIT, hat dieses Organ namens Bewusstheit zur Entstehung gebracht.

Dieser Gedanke hat mich dazu gebracht, dass ich auf das Wort „Weltentstehung" weniger Gewicht

lege. Ich habe eingesehen, dass ich GLEICHZEITIG-
KEIT besser erklären kann, wenn ich das eigene Bewusstsein, seine Position und sein Funktionieren
mit einbeziehe. So bin ich auf den neuen Titel gekommen:
OHNE GEGENÜBER IN DER GLEICHZEITIGKEIT.

Damit wird deutlicher erwähnt, dass es der
Mensch selbst ist, der mit seinem Bewusstmachen
einen kreativen Prozess ausübt, bei dem die Welt
entsteht „als Gegenüber".

KRITIK

Dieses Buch hier enthält somit eine gelinde Kritik
an der Bewusstheit überhaupt.

Diese Kritik betrifft den in der Bewusstheit enthal-
tenen Dualismus, in welchem diese Bewusstheit
der eine Teil ist: nämlich der Teil, der sich eine
Weltanschauung bildet. Der andere Teil wäre dabei
DAS GANZE innerhalb dessen diese Vorgänge stattfinden: also die GLEICHZEITIGKEIT. So denke ich,
dass das Bewusstsein eher wie ein Organ aufzufas-
sen ist, welches eine Funktion hat, aber kaum mit
der wirklichen Wirklichkeit zu tun hat.

Es gibt schon lange die Erkenntniskritik. Es ist immer so dabei, dass eine Kritik des Erkennens auf

das hinzuweisen versucht, was „eigentlich" der Erkenntnis entgeht.

Dass die gewöhnliche menschliche Wahrnehmung und die absolute Wirklichkeit nicht dasselbe sind, leuchtet wohl ein. Jetzt aber ist von der Möglichkeit die Rede, dass beides, was getrennt aussieht, dasselbe ist, und dass es IN EINEM AKT gesehen werden kann: „in GLEICHZEITIGKEIT".

Wir objektivieren nicht, bilden nicht Begriffe.
Wir suchen weder Erfahrungen noch Wissen. Hier geht es um das Gegenteil davon: GLEICHZEITIGKEIT als totale Einzigkeit.

Sehr weite Zusammenhänge sind es, die in einem Moment einen Punkt bilden. Da ist ein Ich, da ist ein Körper, dessen Leben, dessen Wahrnehmung.

Die jetzige Situation ist entstanden, um so zu sein, wie sie ist. Es ist nichts falsch daran.

Und hier geht es nun darum, darüber hinaus das GANZE zu verstehen.

BESCHREIBUNG DER THEMATIK

INTUITION STATT LOGIK

Es liegen diesem Buch intuitiv gewonnene Erkenntnisse zugrunde. Die intellektuelle Logik ist nicht die Quelle der Erkenntnis. Das Denken hier geht von einem Zentrum aus, welche als primäre Wirklichkeit erkannt wurde und weiter nicht beschrieben werden kann.

GLEICHHEIT IN DEN DINGEN

Kein Zweifel: Es ist etwas ZEITLOSES, welches die Welt ausmacht. Etwas Zeitloses ist darum auch in der Zeit, etwas Zeitloses ist auch in den Veränderungen der Welt, könnte man sagen.

Dies ist die primäre Tatsache, die *auf einmal* erfahren wird und nicht aus anderen Erfahrungen abgeleitet werden kann.

Die Welt mit allem darin IST EINE GLEICHZEITIG-

KEIT, ein EINZIGES. Entsteht diese Erkenntnis in einem Menschen, so kann ein Mensch auch in den Veränderungen der Welt die GLEICHZEITIGKEIT „sehen". Es entsteht ein Geisteszustand, der „Ohne-Gegenüber" ist.

Aber auch das Gegenüber (die Dinge dieser Welt) können als Erscheinungen der GLEICHZEITIGKEIT erkannt werden. Es ist menschlich zu meinen, dass die GLEICHZEITIGKEIT im Kosmos eine Ruhe oder eine Stille sein muss. Das ist falsch. Auf der Ebene , so wir Menschen wahrnehmen, ist GLEICHZEITIGKEIT dynamisch und bewegend.

Als verkörperte und bewusst gewordene Wesen sind wir selbst im Weltall ein Ding, welches bewegt wird, welches bereits bewegt worden ist, und allem gegenüber steht. So ist eine dualistische Betrachtungsweise von vornherein da, und wir leben in einem ständigen Austauschverhältnis zu allem, was uns (als Gegenüber) erscheint. So erscheint uns das GLEICHZEITIGE als „bewegt".

Den Zustand „Ohne-Gegenüber", also diese Form des Seins, ohne ein Gegenüber zu haben, gibt es trotzdem: Auf einmal ist keine Betrachtung da, keine Wiedergabe.

Vielleicht kann ich mit einem Bild besser erklären,

wie das aussieht. Da geht einer aus dem Keller
herauf, die Realität ist immer die gleiche dabei, er
steigt die Treppe hoch und plötzlich ist dieser
Mensch zuoberst auf dem Dach oder auf dem
Turm und *hat eine Aussicht.*

GLEICHZEITIGKEIT (des ganzen Weltalls) ist eine
Gegenwärtigkeit, die mit dieser Aussicht von oben
verglichen werden kann. Jetzt kann man schauen,
wie man selber in dieses obere Stockwerk hinauf
kommt, um dort zu sein und alles unter sich zu lassen. Es sind die Widerspiegelungen, die Meinungen, die wir unten stehen lassen. Die Befreiung
gleicht also einer weiten Aussicht, und im Keller
und im unteren Stockwerk bleiben Gerümpel, Ab-
fall und Klamotten liegen.

ÄUSSERE ZWÄNGE UND NUTZEN DER ERKENNTNIS

Wer aufgewachsen ist mit Verpflichtungen, die sich
aus christlicher Nächstenliebe oder aus sozialisti-
schen Programmen ergeben, ist vielleicht nicht ein-
verstanden mit dieser Art von Befreiung.

Oft gilt Mitmachen als Pflicht, und zu viel „eigenes"
Denken gilt als asozial. Das Streben nach SINN im
Leben wird sehr oft als egoistisch hingestellt.

Das Anliegen in diesem Buch hat ohne Zweifel einen selbstischen Zug, aber das „Selbst" hier ist nicht als Triebverwirklichung zu verstehen, sondern ist als Naturzustand „von selbst" zu verstehen. Es wird da nichts gemacht, nichts erworben.

„Ohne Gegenüber in der Gleichzeitigkeit" bedeutet ein Ruhen im eigenen Zentrum. Dass es ein eigenes Zentrum überhaupt gibt und in *diesem* Ausmass, *nämlich einzig*, muss unbedingt wieder in die öffentliche Diskussion eingeführt werden. Ich sehe in diesem Punkt eine therapeutische Möglichkeit. Die Menschheit hat gerade in dieser Hinsicht zu lernen, geht es doch um die geistige Einordnung ins kosmische Ganze.

Besessenheit durch fremde Interessen, das Mitmachertum, die blinde Einordnung in vorherrschende Meinungen oder sogar Unterordnung unter einen starken Führer oder ein geistiges Oberhaupt führen in den Abgrund.Auch sinnlose Triebverwirklichung im Kollektiv führt in den Abgrund.

Und dabei soll die GLEICHZEITIGKEIT, die so ungreifbar ist, weiterhelfen? Genau. Sie ist ungegenständlich, aber sie ist wirkungsvoll durch ihre Gegenwart, von der alle Inspiration ausgeht. Aus GLEICHZEITIGKEIT kommt alles heraus, man kann nicht sagen, was genau es bewirken wird, aber jedenfalls ist eine höhere Instanz erkannt worden, eine sinnvolle Lebensführung wird ein wenig wahrscheinlicher.

Ob von der „weiten Aussicht" auf dem Turm eher ein Mitleid entstehen wird, Bescheidenheit, Mässigung? Neue Ideen, Alternativen auf jeden Fall!

GLEICHZEITIGKEIT als Urquell hat auch mit Befreiung von allem zu tun. Wer Gerümpel stehen lässt, tut das Richtige. Endlich Frischluft, Distanz. Endlich etwas vollkommen Anderes: fast als wäre alles nichts.

FRIEDEN

In einem Moment gibt es keine Zweiheit. „Wie war dein Gesicht, bevor deine Eltern sich trafen", lautet ein Zen-Koan. Die Antwort ist: Es gibt nur *ein* Ding, alles ist gleichzeitig, zeitlos von Anfang bis zum Schluss. Dieses und jenes Gesicht ist in DEM enthalten, welches keine Zeit kennt.

Weiter hinten spreche ich auch darüber, dass die Erkenntnis der absoluten GLEICHZEITIGKEIT zu einer gross angelegten Vergebung führt: Ich vergebe andern, mir selbst, vergebe den Missständen und Entartungen, der Sterblichkeit, dem Weltlichen überhaupt.

Zeitlosigkeit ist nicht einfach zeitlos, sondern eine Gestaltetheit. Es ist GLEICHZEITIGKEIT, welche die Dinge, die wir wahrnehmen, zur Entstehung gebracht hat, wie auch uns selber. Aber wir verstehen das nur, wenn wir kein Gegenüber haben, auch nicht einmal uns selbst.

Alles, was ist und was je gewesen ist, kommt zusammen. Es gibt genau genommen keine Vergangenheit. Es hören alle Argumentationen und Vergleiche auf.

DAS THEMA HIER

Spreche ich ÜBER DIE GLEICHZEITIGKEIT *DER* WELT in ihrer ENTSTEHUNG, geht es nicht im Geringsten um eine Herabminderung der „Welt", sondern es geht viel mehr um eine Heilung derselben.

Denn es gibt keine Zweiheit.

Es gibt Entstehen und Vergehen, aber nicht Zweiheit. Wir können lernen, alle Dinge im richtigem Zusammenhang zu sehen. Ob die Welt einen Sinn hat oder nicht, fragen wir uns dabei nicht.

In GLEICHZEITIGKEIT entstehen auch Berge, Flüsse, Pflanzen und Tiere, Planeten, Galaxien. Das sind für uns ganz verschiedene Dinge. Doch sie entstehen gleichzeitig und jetzt. Im Gegensatz zu uns Menschen werden sich Berge, Flüsse, Pflanzen und Tiere, Planeten, Galaxien aber der Tatsache ihrer Existenz und Widerspiegelung nicht bewusst.

Menschen können sich aber ihrer Situation bewusst werden. Menschen können erkennen: „Ich widerspiegele etwas. Dadurch werde ich zu dem, was ich bin."

Und in seinen Widerspiegelungen geht der Mensch oft unter. Er hat nur noch „Gegenüber". Er glaubt nur noch diesem Gegenüber. Weil er es gedacht und benannt hat, meint er, es sei allein wirklich. Das ist der Untergang des Geistes.

ANDERE WÖRTER

GLEICHZEITIGKEIT gehört in eine Wortgruppe, mit welcher der Mensch seine Verwunderung ausdrückt. Mit GLEICHZEITIGKEIT verwandt sind Wörter wie Zeitlosigkeit, Ewigkeit, Leere, Moment, Punkt, Kern, Weite, Ganzheit, Absolutes, Nichts, Wunder usw. Aber auch „das Schöpferische" oder „Welt" wären passende Wörter, im Sinn von „die Welt" gesamthaft, ungedeutet, also nicht bewertet, ohne Filterung zu lassen.

Dass es im Zeitlichen eigentlich keine Zeit gibt, dass

inmitten von Formen und Bewegungen eigentlich weder Raum noch Getrenntheit gibt, ist eine intuitive Erkenntnis. Die Erkenntnis kommt ohne Mittel zustande. Nicht durch das Mittel des Denkens, nicht durch das Mittel des Wollens und des Tuns. Und *ohne Widerspiegelung.*

MOMENTE SIND OHNE LOGIK

Ein je einzelner Moment ist wie nichts. Kein Fleisch am Knochen, sagt der Hund.

Genau deswegen ist „der Moment" das A und O der Meditation. Er ist auch das A und O des Lebens. Das A und O der Welt.

Alles geht daraus hervor, in einem Punkt ist der ganze Kosmos enthalten, geht daraus hervor, und geht eigentlich doch nicht daraus hervor.

Was ist noch zum „Moment" zu sagen? Beim Menschen gibt es eine subjektive Seite, d.h. eine Erlebnisseite: Wer sich auf einen Moment eingelassen hat, verlässt den Glauben an die Dinge und bleibt alleine übrig: als Einziger. Das ist die subjektive Seite von GLEICHZEITIGKEIT, könnte man sagen.

DAS WORT „GLEICHZEITIGKEIT"

Das Wort GLEICHZEITIGKEIT finde ich gut, weil es sperrig ist und aus 4 Silben besteht. Der Inhalt des Worts GLEICHZEITIGKEIT aber ist ganz unglaublich, Silben hin oder her, Wort hin oder her.

Das Wort hat natürlich *wie alle Wörter* den Nachteil, dass es eine Benennung ist, das führt bei den meisten Leuten dazu, dass sie die ursprüngliche Erfahrung objektivieren, als wäre das ein Ding mit Eigenschaften.

Alle Wörter haben so einen irreführenden Effekt. Ich habe noch ein anderes Wort, welches sogar 5 Silben lang ist: das NICHTGEGENÜBER. Vielleicht ist das Wort besser. Das Wort sagt: Es gibt nichts zu vollziehen.

Was zu einem Verständnis hinführt, sagte Blofeld so: „....das wirksamste Mittel von allen ist ein Zustand des Geistes, das strahlende inhaltslose Bewusstsein, das „Sehen, ohne zu sehen" und „Hören, ohne zu hören". (Jenseits der Götter, S.197)

QUERSCHNITT UND ABFOLGE (FILM)

In dieser Betrachtungsweise wird dem Erscheinen der Dinge in einem Moment eine besondere

Qualität verliehen, eine kosmische Qualität. Wenn man will, kann man sich die Welt in einem Moment vorstellen als einen Querschnitt von A bis Z durch alles hindurch. Bedenke: durch alles hindurch, was im Universum ist!

Und das Andere, alle die Erlebnisse, alle die gegenständlichen Erfahrungen, die wir machen, bei denen wir als ein Ich einem Objekt gegenüber stehen, die bleiben nach wie vor eine Abfolge wie in einem Film.

Es ist normal für den Menschen, dass er Erfahrungen festhält und das Festgehaltene oder Erlernte ständig mit neuen Eindrücken vergleicht. So lässt der Mensch eine Lebensgeschichte entstehen, und es sieht so aus, als ob das Leben aus aneinandergereihten Ereignissen besteht als Film. Auf der Ebene der Dinge erweist sich uns GLEICHZEITIGKEIT als dynamisch.

Haben wir aber einmal kein Gegenüber in unseren spiegelnden Organen, dann aber ist all die Dynamik in den Dingen weg, ist aus der Wahrnehmung gefallen.

KOMMEN UND GEHEN

> Verweile nicht in dualistischen
> Anschauungen; vermeide absolut, ihnen zu
> folgen. Seng.Ts'an, S. 20

FORMEN UND GEDANKEN

Es gibt, genau genommen, natürlich nichts Anderes
als dualistische Anschauungen (oder gar keine!),
und das beruht auf dem Begriff der Anschauung.
Was kommt und geht, sind also Anschauungen, die
wir uns bilden von dem, was uns begegnet.

Was es wohl wirklich ist, jenseits von unserer
Anschauung?

Wir leben in einem Prozess drin von Eindruck, Reaktion, Projektion. So kommt es dazu, dass der
Mensch sich ein Weltbild bastelt, bestehend aus
Glaubensvorstellungen, Einbildungen, Wahnvor-
stellungen, Philosophien, Selbsteinschätzungen.

Bei den Selbsteinschätzungen kommen Bilder von
einer eigenen Rolle vor. Wie komme ich dazu, eine

eigene Rolle im Leben zu haben? Das kommt wahrscheinlich aus den inneren Bestimmungen oder aus den Wünschen heraus. Und all das hat mit dem Leben des eigenen Körpers zu tun.

Und dann bin ich als der Mensch mit meinen Trieben, meiner Identifikation, mit meiner Rolle, meinen Zwängen, meiner Verwirrung als eine beschränkte Realität entstanden.

Die kosmische GLEICHZEITIGKEIT geht gewissermassen darum herum. Nein eher: durch mich hindurch.

Die kosmische GLEICHZEITIGKEIT ist nicht weg; sie ist jetzt gerade mal so in dieser (meiner) Form gekommen, das kann jeder Mensch von sich sagen.

Das wird wieder zurück genommen, vergeht. Und das ist bei allen Menschen so, bei allen Erlebnissen der Menschen, ihren Anschauungen davon, ihren Momenten. Menschen kommen und gehen. GLEICHZEITIGKEIT bleibt.

GLEICHZEITIGKEIT DER BEWEGUNGEN

Es verwirrt, dass alles in Bewegung ist, dass auch der eigene Körper, das Gemüt, das Erleben ständig Einflüssen ausgesetzt ist. Das betrifft uns in unserem Befinden sehr. Wir fühlen uns mit diesen Anregungen und Erregungen identisch und sehen nicht darüber hinaus.

Wie kann man da überhaupt darauf kommen, dass es noch etwas Bleibendes, Gültiges gibt?

Es erscheint plötzlich.

Auch wenn man im Bereich von Dualität und Getriebenheit lebt, kommt DAS auf einmal als die Alternative dazu. Es ist wie ein Stillstehen im Moment. Ein NICHTGEGENÜBER tut sich auf, welches tatsächlich nicht gegenüber ist.

Es gibt also etwas,welches jenseits der Regungen des Nervensystems steht, jenseits von irgendeiner Reaktion.

Ein Ding ist es nicht, eher eine unerlässliche Selbstverständlichkeit, die sich in Formen von Leben zeigt, ein Hirn entstehen lässt und das entstehen lässt, was im Hirn vorgeht. Es ist gleichzeitig überall anwesend. Dieses „Anwesende" ist das, was uns anregt und zu Reaktionen im Nervensystem führt. Wie etwa zum Denken. Dass wir nicht wissen, wie es zum eigenen Leben und zu unserem Widerspiegeln in der Welt gekommen ist (ob es Zufall oder Fügung ist), ist nicht so schlimm, wenn wir verstehen, dass das in einem zeitlosen Rahmen stattfindet.

Ich sagte weiter oben, dass es ein oberes Stockwerk gibt. Das Bild will erklären, dass es untere Bereiche gibt, wo man vielleicht eine Unordnung erlebt hat, vielleicht eine Verletzung, man ist geprägt, hängt dem nach, hat sich daran gebunden , hasst es, liebt es, und jetzt auf einmal lässt man das alles als Gerümpel im Keller stehen. Jetzt ist man oben, im Aussichtspunkt, und von der Unordnung ist nichts mehr zu sehen. Man stellt keine Fragen mehr.

EINES IST AUCH VIELES

Wenn man den Vergleich macht mit einem PUNKT, so bedeutet GLEICHZEITIGKEIT eine Ausstreuung von Milliarden von Dingen daraus heraus. Umgekehrt haben die Milliarden von Dingen gleichviel Bedeutung wie ein Punkt.

Das Eines auch Vieles ist, das ist auf der Ebene von „Geist" vollkommen selbstverständlich. Denn man kann auch umgekehrt sagen, dass es zwar Vieles gibt, dass aber Sinn und Wert davon immer EIN und DERSELBE ist.

Dabei weiss ich nicht, ob es diese unendlich zahlreiche Streuung oder Ausstrahlung ins Dingliche hinein *wirklich* gibt. Es könnte auch sein, dass diese Ausstrahlung ins Dingliche und Psychische hinein davon abhängt, wie Menschen das deuten und bewerten. Eine Form wird vermutlich dann zur Form, wenn sie als solche aufgefasst wird. Alles, was ein Mensch zu kennen meint, bedarf der Formung oder Gestaltbildung durch den Menschen selbst.

Erst dann wird es für den Menschen wahr und real.

Es geht hier um die alte Frage, ob Realität Realität ist oder ob sie wie ein Traum oder ein Wahn ist. Aus GLEICHZEITIGKEIT heraus verstanden, gibt es nun aber kaum einen Unterschied zwischen Realität, Traum, Wahn und Einbildung.

Menschliches Bewusstsein wird vermittelt durch das Hirn, und dieses hat eine selektive Widerspiegelungsfähigkeit. Zu Deutsch: Es ist ein Filter. (Ähnliche Gedanken soll Henri Bergson geäussert haben.)

Und was aus der Arbeit des Hirns folgt, also die Verarbeitung „des Stoffes", führt zu verschiedenen Bewusstmachungen des GLEICHZEITIGEN.

DER MENSCH IST EIN (SELEKTIVER) SPIEGEL

Bereits das körperliche Leben ist ein Spiegel. Dann auch das geistige Leben. Und alles hat nur die Bedeutung von GLEICHZEITIGKEIT.

Es kommen laufend Eindrücke auf die Plattform, die Bewusstsein genannt wird, und es macht jeder Mensch bei der Verarbeitung dieser Eindrücke ein Weltbild und Selbstbild. Es bildet sich eine Welt*anschauung* heraus, welche weitgehend erlernt ist und bereits den Kindern beigebracht wird. So lernen Kinder Jahr für Jahr, was sie denken sollen und müssen, was der Begriff Mensch ist, dass ein Ding ein Ding ist, wie es heisst usw. Daraus entsteht eine Vorstellung von Welt, und dieses Wissen oder Meinen ist ein Gegenpart gegenüber der absoluten Wirklichkeit, die unabhängig von allem Widerspiegeln existiert.

Ein Zwang zu dualistischen Anschauungen ist ange-boren; er beruht auf dem körperlichen Leben. Hier nun versuchen wir, den kosmischen Zusammen-hang wiederzufinden. Denn im Grunde genommen gibt es nicht zwei Dimensionen. Entstehung von (menschlichem Leben) ist in der GLEICHZEITIGKEIT eine problemlose Erscheinung. Das geschieht schon in der ersten absoluten Dimension. Dass eine zweite Dimension entsteht für den Menschen ist ausschliesslich auf das Funktionieren der spiegelnden Organe zurück zu führen.

Wir sind in unserem Funktionieren (Widerspiegeln) aus Genen herausgewachsen und diese aus dem gesamten Weltall. In GLEICHZEITIGKEIT hat so etwas keine Zeit.Aber in der zeitlichen Sicht, die wir haben, sieht es so aus, als ob diese Entwicklung Millionen von Jahren gebraucht hätte. Das Kommen des Homo Sapiens hätte also Milliarden von Jahren gebraucht.

GLEICHZEITIGKEIT bedeutet nun allerdings, dass alle Formen gleichzeitig sind. Nie darf man aus einer zeitlichen Betrachtung schliessen, dass es zu einer früheren Zeit die GLEICHZEITIGKEIT nicht gegeben hat! Und das wird auch in Zukunft, wo alles wieder GEHEN, VERGEHEN wird, der Fall.

ÜBERHEBLICHKEIT DES MENSCHLICHEN BEWUSSTSEINS

Als zustande gekommene Menschen leben wir nun mit einer besonderen Intelligenz und werden damit schnell überheblich. Heute fühlen sich die meisten als Schaffer, Macher, Streber, Erfinder. Sie halten sich für die wichtigste Erscheinung im Kosmos, die einzig intelligente jedenfalls. Tatsächlich hat die Menschheit Kultur, Denken, Wissen, Können und

Kunst erschaffen. Aber deswegen ist der Mensch trotzdem nur eine Erscheinung im Kosmos: *eine* vorübergehende Erscheinung unter vielen.

Es ist wahnsinnig, wenn sich der Mensch mit seiner kleinen Widerspiegelungsfähigkeit und mit seiner beschränkten Bewusstheit dem Kosmos überlegen fühlt. Es gibt immer noch Leute, die meinen, der Kosmos sei dumm, und er müsse vom Menschen erkannt werden, um nicht mehr nur in seiner stumpfen Dummheit vor sich hin zu wirken. Dabei ist doch jede erkennbare Tatsache, jedes mögliche Naturgesetz schon längst darin enthalten.

LEBEN MIT GEGENÜBER, DAVON BESESSEN

> Alle dualistischen Anschauungen beruhen auf willkürlichen eigenen Erwägungen.
> sagte Seng.ts'an S.23

Seng ts'an meint hier, dass dieses Verhalten der Menschen mit Willkür zu tun hat. Nun ist das, was gegen den Sinn und die (gleichzeitige) Natur verstösst, kaum je Willkür, sondern eher ein Unglück, das Unglück, in einer Befangenheit drin zu sein, und eine Fehlentwicklung im Kopf zu haben und eine Fehlentwicklung überall auch in der Aussenwelt zu unterstützen.

Dabei sind wir Menschen inmitten der GLEICHZEITIGKEIT nur eine kosmische Darstellung, die GEKOMMEN ist, um wieder zu gehen.

Auch all die Gegebenheiten, die wir antreffen, und die mit dem Ort und dem Zeitpunkt unserer Geburt zusammenhängen, treten zusammen mit uns in Erscheinung, wir wählen das nicht willkürlich. Wir kommen als eine Erscheinung in bestehende Erscheinungen hinein, um ein Teil der Gesamterscheinung zu sein.

Wir werden also individuell in einen Zustand hinein geboren, welcher bereits ein kollektives Leben hat. Alles ist schon gekommen, und ich komme dazu.

All das, was die Leute in ihren Köpfen haben, was sie wollen, tun, lieben, hassen: All das hat mit dem kosmischen Wirken zu tun, das schon bei der Bildung der Gene gewirkt hat und jetzt kollektive Werke bewirt. Das kosmische gleichzeitige Wirken ist es, welches beim Einzelnen über in die Triebe und die Seelenregungen wirkt, dann auch weiter wirkt bis ins Denken und Meinen und politischen Leitvorstellungen usw. führt.

Bei all dem geht das WESEN des Menschen nicht unter. Es geht das, was GLEICHZEITIG, also dauernd ist, nicht unter. Wo Menschen von den äusseren

Umständen beeinflusst, ja besessen werden, sind sie es nicht selbst. Da geht es um etwas, das durch sie hindurch geht.

ALLES KOMMT UND GEHT

Es gibt ständig die GLEICHZEITIGKEIT im Wandel und zwar für uns auf einer anderen Ebene als der gedachten. Man versteht die kosmische GLEICHZEITIGKEIT wohl besser, wenn man einsieht, dass alles, was je gekommen ist, wieder vergehen muss. (Sogar unser Planet wird mal weg sein.)

Also muss man sich nicht von den heutigen Fehlentwicklungen hypnotisieren lassen. Auch nicht von der Sorge um den eigenen Körper.

Ein wenig geistiger Aufschwung tut Not, hilft uns in einer Zeit des Materialismus und des Diktats der öffentlichen Meinung.

„Ohne Gegenüber in der Gleichzeitigkeit"!

Das steht jenseits von Kommen und Gehen.

ANDERE DENKWEISEN, LITERATUR, RELIGION, WISSENSCHAFT

VEREINIGENDES DENKEN IN INDIEN, CHINA

Es gibt in der einschlägigen Literatur viele ähnliche Feststellungen. Keineswegs bin ich der Erste, der die GLEICHZEITIGKEIT in der Welt entdeckt hat. Denn einen radikalen Monismus gab es schon früher. Allerdings hat das Wort GLEICHZEITIGKEIT, so viel ich weiss, nie jemand so ins Zentrum gestellt.

GLEICHZEITIGKEIT erfahre ich nicht. Sie ist nicht erfahrbar. Paradoxerweise erweist sich aber im Hinblick auf Weltliches als dynamisch und kreativ. Sie ist in allen entstandenen Formen gleichzeitig, auch in vergangenen.

In der alten indischen und chinesischen Philosophie wird verschiedentlich erwähnt, dass die Welt in allem ein einziges Prinzip ist. In China nannten sie es Dao. In Indien war es Advaita, die Lehre von der Nicht-Zweiheit. In den Upanischaden etwa wird ein Sein erwähnt, das war, *bevor* alle die vielen Götter und Sphären entstanden, und dass daraus heraus die menschlichen Fähigkeiten entstanden.

Diese radikale Nicht-Zweiheit wurde in jüngerer Zeit in Indien noch durch den „Weisen vom Berg Arunachala", Ramana Maharshi (+1950) vertreten. Seine Lehren kreisen um „Selbst" oder „Herz" als Weltprinzip. Es handelt sich um andere Worte für die GLEICHZEITIGKEIT.

Über eine ähnliche Pflege der Geistigkeit in China ist mir nichts bekannt. Es wird unter dem jetzigen Regime wohl nur im Geheimen stattfinden dürfen.

BUDDHISMUS UND GLEICHZEITIGKEIT

GLEICHZEITIGKEIT *als Wort* gibt es im klassischen Buddhismus nicht. Es gibt statt dessen die Lehre vom Loslassen auf der Seite des Menschen. Kann der Mensch seine Irrtümer und Einbildungen aufgeben, so bleibt eine kosmische Wirklichkeit allein übrig. Was menschlich war am Menschen ist darin aufgegangen.

In den neueren Lehren wird dieser kosmische Urzustand direkt mit dem Wort „Buddha" bezeichnet. So etwa bei Huang-po S. 41

> „Der Meister sagte zu mir: Alle Buddhas
> und alle Lebewesen sind nichts als der Eine
> Geist, neben dem nichts anderes existiert,
> (...) und es gibt keinen Unterschied
> zwischen Buddha und den Lebewesen, nur
> dass diese an Formen festhalten und im
> Aussen die Buddhaschaft suchen."

Es ist müssig, sich zu fragen, ob GLEICHZEITIGKEIT
und BUDDHA zwei Wörter für das Gleiche sind. Ich
selber habe keinen buddhistischen Hintergrund.
Gemeinsamkeiten werden also von der *einen*
Wirklichkeit her kommen, die auf alle Menschen
einwirkt.

So verstehe ich auch die Zitate der Zenpatriarchen
aus dem alten China, von denen ich hier eher zu
wenige wiedergebe. Sie lebten in der Zeit von ca.
500 bis 900 nach Christus. Für mich enthalten diese Zitate kaum etwas Religiöses, es geht vielmehr
um etwas Wissenschaftliches, nämlich um die Tatsache, dass die wirkliche Wirklichkeit nicht aus dualistischen Vorstellungen des Menschen bestehen
kann.

DIE „HEILIGEN" SCHRIFTEN

Ganz anders ist das, was uns in den „heiligen
Schriften" begegnet, die auf Moses zurückgehen
und altes und neues Testament sowie den Koran
umfassen.

In diesen Schriften geht es um die Erzeugung eines
dualistischen Weltbilds. So etwas zu erzeugen, ist
menschlich und natürlich. Doch um die Wirklichkeit
geht es dabei nicht. Ein Gott, der ein „Du" ist, ein
„Richter, Täter" und örtlich „woanders" ist ein
Abbild, von Menschen gemacht. Tatsächlich
benötigt ein Mensch für seine Identität immer
Mythen, Bilder, Leitvorstellungen, damit er sich
einordnen kann und ein eigenes Bewusstsein
entwickeln kann.

Wo es um Erzählungen, Sagen und Märchen geht,
ist das harmlos, denn man glaubt nur sehr wenig
an die Wirklichkeit von Märchenwelten. Anders ist
es bei Bildern, die aufgezwungen und fixiert sind.
Da wird die freie Vorstellung verboten, und an die
Stelle der Imagination wird ein fixfertiger Glau-
bensinhalt übermittelt. Gott wird so zur Last, zum
Diktator. Kirchen und Moscheen werden zu Stätten
der Programmierung und Repetition. Die Schriftreligionen *wollen* den Menschen zu einer geistigen

Unfreiheit programmieren. Und das hat bis heute schädliche Folgen.

Die Bibel ist in der Antike entstanden, wo sie dem Bedürfnis nach Strukturierung des Denkens bei halbwilden Leuten diente. Man wollte in jener Zeit ein verbindliches Stammesdenken erzeugen, das eine Art von Selbstbewusstsein ermöglichte und sich eignete, den inneren Zusammenhalt in der Horde zu fördern und Andersdenkende zu vernichten. Durch Moses erhielt das jüdischen Volk eine Identität, ein Nationalbewusstsein. „Gott hat euch auserwählt." Diese Gottesbeziehung wurde später vom Christentum übernommen und mit weiteren sektiererischen Vorschriften ergänzt.

Die letzte heilige Schrift ist der Koran. Ein letztes Mal hat sich also der Gott geäussert. Seither soll es keine neuen Lehren mehr geben. Es ist ein wenig traurig zu vernehmen, dass Gott sich nur in alten Schriften hat äussern können und sich seither um nichts mehr kümmert.

Dass diese alten Schriften überlebt haben und noch immer einen hohen Stellenwert haben, hat dennoch reale Gründe. Der Inbegriff des HÖHEREN und Allgemeingültigen kommt darin vor. Das ist sehr motivierend und erhebend. Der Mensch sucht das, braucht das. Die menschliche Neigung, sich auf etwas Höheres auszurichten und sich diesem Höheren unterzuordnen wird von diesen Schriften immer noch am besten repräsentiert.

Aber, was da steht, darf hinterfragt werden. Und so geht es wohl um den richtigen Umgang mit diesen Schriften. Wer nicht im naiven Kinderglauben stecken bleibt, wird vielleicht zur Frage angeregt, was es denn eigentlich ist, was Gott genannt wird. Ein ehrlicher Mensch wird wohl nach dem richtigen Gottesbild fragen oder gar, ob es wirkliche eine konkrete Vorstellung von Gott braucht.

Sprechе ich von GLEICHZEITIGKEIT *von allem im Universum*, so geht es nicht um das Suchen nach einem Gott. Das Konzept ist grundlegend anders. Es geht nicht um Fragen und Antworten. Es gibt nicht Hoch und Niedrig. Es gibt überhaupt keine Zweiheit, kein Gegenüber. Die Welt wird nicht auf die Täterschaft von jemand zurück geführt.

MYSTIK

Die Spaltung zwischen Gott und Welt, zwischen Ich und Gott, ist sogar in den Schriftreligionen nicht durchwegs vorhanden. Jedenfalls wird in Anrufungen, Gebeten, Psalmen ein direkter Kontakt zu Gott gesucht.

Mystik nun ist noch stärker ein Versuch, sich mit dem abgespaltenen Gegenüber namens Gott zu vereinigen und damit den Dualismus zu überwinden.

So gab es jüdische, arabische und eher selten auch christliche Mystik.

Diese Art von Wiedervereinigungsbestreben (Mystik) gibt es heutzutage kaum noch. Es ist nicht üblich, sich um die wirkliche Wahrheit zu kümmern. Abgesehen davon halten immer weniger Leute Gott für etwas Vorhandenes. Daher sitzt er ihnen auch nicht auf. Etwas Mystisches kommt heutzutage höchstens bei der Naturbetrachtung vor. Naturwissenschaftler zeigen oft ihre Ehrfurcht vor dem, was „da" *ist*. Eine unbewusste Naturmystik ist auch bei Nichtforschern weit verbreitet, man denke nur an all diejenigen, die sich persönlich mit Tieren und Pflanzen verbunden fühlen.

Was „da" ist, ist erstaunlich. Man nennt es „die Natur": Natur der Dinge, Natur des Menschen. Was ist da alles „Natur"? Es ist die GLEICHZEITIGKEIT in ihrer Erscheinung. Da ist offenbar eine Ordnung drin, da sind geistige Gesetze, moralische Gesetze, Archetypen, biologische und physikalische Gesetze drin. Die Natur hat zweifellos mit etwas „Jenseitigem" zu tun, insofern nämlich, als sie Verborgenes enthält, das nicht an der Oberfläche liegt.

WELTENTSTEHUNG ALS INSPIRATION

NICHT ZU BEGREIFEN, ABER INSPIRIEREND

Wer feststellt, dass alles im Universum gleichzeitig ist, spricht davon, dass es eine DAUERNDE ANWESENHEIT in allem gibt.

Wie nun kann aus einer *dauernden Anwesenheit* die bewegte veränderliche Welt entstehen? „Wie nichts!" oder „von selbst"!

Für uns Menschen mit Bewusstsein allerdings ist damit die Frage nicht gestellt, wie die Verhältnisse sind und wie alles entstanden ist und wie das Eine zum Andern passt.

Was ich weiss, ist nur, dass wir gleichsam auf den Turm steigen können, nicht nur wegen der Aussicht, sondern um die Dualität hinter uns zu lassen und um das Fragen hinter uns zu lassen.

Die Welt entsteht wohl durch Inspiration. Wir

stellen auch selbst fest, dass GLEICHZEITIGKEIT eine ständige Quelle der Inspiration ist. Die leere Aussicht auf dem Turm ist das Eine, die Wirkung der Inspiration ist das Andere.

Nun betrifft diese INSPIRATION nicht nur einzelne Menschen, sondern das ganze Weltall.

In der GLEICHZEITIGKEIT wirkt ständig etwas auf das Zeitliche ein, schafft physisches Leben, schafft geistiges Leben. Schafft auch Akkumulation von Wissen in der menschlichen Kultur. Schafft auch Neues wie wissenschaftliche Fortschritte.

Es ist klar, dass mit dem Wort INSPIRATION kein Welträtsel gelöst ist. Das Wort soll nur ein Grundprinzip, eine Grundfunktion einsichtig machen, welche zwischen GLEICHZEITIGKEIT und der Entstehung der Welt besteht.

Es vermag ein wenig anschaulich zu machen, wie wir als Lebewesen entstanden sind, wie wir als Lebewesen „geistig" durchdrungen werden, wie wir zur gesamten Welt gehören und von ein und demselben Prinzip umfangen werden.

INSPIRATION

Man sagt: Inspiration kommt von innen. Vielleicht kommt sie auch von aussen und wirkt nach innen.

Was ich meine, kommt aus dem ungegenständlichen Bereich hervor. Wahrscheinlich kann ein Mensch nicht viel dafür tun (für die Vermehrung von Inspiration) , ausser, sich offen und vergegenwärtigt zu halten.

Immer handelt es sich um *angemessene* Inspiration, die zustande kommt, um eine dem Moment angemessene Inspiration. Sie kommt von selbst. Vielleicht merken es Künstler schneller, weil sie kreativ sind. Eine Künstlerin hat es folgendermassen ausgedrückt:

> „Die Betroffenheit von transzendenter Wirklichkeit und unsere Reaktion darauf in der konkreten Wirklichkeit lenkt uns auf unserem Weg - nicht wirklich auf einem Pfad oder zu einem Tor - sondern zu einem passenden Ausdruck." Agnes Martin, S.146

Ich weiss nun nicht, ob ich mit dem Gebrauch des Wortes Inspiration eine Verwirrung angerichtet habe. Denn es klingt so, als ob dadurch GLEICHZEITIGKEIT widerrufen worden wäre.

Bedenkt man aber, dass „Inspiration" weit über den Menschen, seine Ideen und Kreationen hinausgeht und Sonne Mond und Sterne umfasst, so wird man vielleicht verstehen, dass Inspiration ein *einziges* Prinzip ist, sie ist in jedem Ding, überall.

GLEICHZEITIGKEIT, verleiht der gesamten Welt *durch Inspiration* ihre Gestalt in jedem Moment.

ENTSTEHUNG DES MENSCHEN

Ein Sein „ohne Gegenüber" ist ein Sein ohne Wissen und Glauben. GLEICHZEITIGKEIT geht an dem einen Punkt des jetzigen Moments wie ein Schnitt durchs ganze Weltall.

Bei Menschen ist das gleichsam eine Sphäre, die nicht denkbar ist, also vollkommen jenseits des Denkens steht.

Damit ist alles gesagt.

Aber nun treffe ich als lebender Mensch Gegenstände an, ich kann dem nur schwer entgehen. Der erste Gegenstand bin ich selber in einem Körper. Der eigene Körper ist ein Ding, ein entstandenes Ding. Der Körper ist ein Gegenüber. Und durch ihn wird die ganze Welt zum Gegenüber.

Dass man mit dem Nichtdenken eine gewisse Weite und einen Überblick gewonnen hat, ist klar. Andererseits regt sich immer noch die Neugierde: Man möchte eventuell doch wissen, wie dieses

Leben im Körper aus einem „Nichts" wie GLEICH-
ZEITIGKEIT entstanden ist.

In dieser Hinsicht schweife ich in diesem Ab-
schnitt ein wenig vom Thema ab. Ich befasse mich
mit Deutungen der Vergangenheit und auch mit
Beobachtungen des kosmischen Geschehens.

Natürlich hat dieses Geschehen seine Gesetze,
und sie werden ja eifrig erforscht in der Theoreti-
schen Physik und allen anderen Naturwissen-
schaften. Und dabei kommt es zur Entstehung
von Deutungen, von neuen Weltbildern.

VERSCHIEDENE WELTANSCHAUUNGEN

Menschen stellen sich gern in den Mittelpunkt
des Kosmos, schweifen also gerne ab und sagen
dann: Es ist ein grosses Wunder, dass *ich* einen
Körper habe. Alles ist so unglaublich schlau
geplant, alles zu einem Wunder gefügt! Es muss
etwas ganz Grosses sein, welches dahinter steckt.

Ja, und viele denken dann, dass es wohl ein Gott
gewesen sein muss, ein Schöpfer, ein Vordenker
und Planer mit einem bestimmten Willen.

Einige, die intellektueller sind, sagen:

Da ist kein Schöpfer, sondern es ist alles nur Physik und Chemie, und es ist eine zufällige Mutation gewesen, welche dieses Leben hat entstehen lassen. Mutation und Selektion. Zufällige Mutation führt zu erfolgreicher Selektion, mehr Hirn kommt, Intelligentere bringen die Dümmeren um, also wird die Menschheit gescheit.

WELTENTSTEHUNG IM MENSCHLICHEN BEWUSSTSEIN

Dass ein Mensch etwas Besonderes ist im Vergleich zu Tieren und Pflanzen, ist klar. Und dass es körperliche Vorformen gegeben hat, aus denen sich die jetzige Form des menschlichen Körpers entwickelt hat, steht auch nicht in Zweifel.

Aber wir wissen deswegen nicht, ob der Kosmos ein Ziel hat, *dieses* Ziel hat und *diese* Entwicklung gebraucht hat. Es wird dem Kosmos oft untergeschoben, dass er einen Willen und ein Ziel hat. Dann würde GLEICHZEITIGKEIT wollen und denken. Kann das sein?

Immerhin ist offensichtlich, dass GLEICHZEITIGKEIT dann, wenn es ins Gegenständliche hinein geht, eine Struktur und Intelligenz offenbart. Die Bewegungen haben eine Folgerichtigkeit.

Bei allen Wundern, die so entstehen, ist erstaunlich, dass überhaupt so komplizierte, wahrnehmende und denkende Lebewesen entstanden sind wie der Mensch.

GLEICHZEITIGKEIT „lehrt", dass das von allem Anfang an drin gewesen sein muss. Zeitlos. Damit bekommt alles, was wir Evolution nennen, eine andere, zeitlich-zufällige Note.

Dennoch ist die Versuchung für uns gross zu meinen, dass der Sinn des ganzen Weltalls durch die Erscheinung des homo sapiens gesteigert wurde! Oder: Dass die Erscheinung des Menschen die Erfüllung und Vollendung des Geschehens (der Schöpfung) sein muss.

Dass die Menschheit ausgerechnet auf dem Planeten Erde aufgeblüht ist und sich hier ausgebreitet hat, wird als besonderes Glück und als besonderer Sinn bezeichnet.

Tatsache ist: Das ist offenbar möglich inmitten von GLEICHZEITIGKEIT (die alles enthält).

Aber die Bedeutung könnte ganz anders sein: Es könnte sich bei der Intelligenz des Menschen um ein Phänomen handeln, das gar nichts bedeuten soll, keinen eigenen Sinn hat, und eher dazu führt, dass der Mensch sich aus der Natur herauslöst. Überhebliches Selbstbewusstsein wäre die Folge und würde die Zerstörung in sich tragen.

WIE KOMMT ES ZU ALL DEM?

Vielleicht lässt sich die Entstehung der einzelnen Formen in der Welt aus dem ZUSAMMENHANG aller Dinge miteinander veranschaulichen. Vielleicht kann man sich GLEICHZEITIGKEIT wie einen grossen Topf vorstellen, in dem es sowohl Zufall, Lenkung und Wechselwirkung gibt, alles das gleichzeitig, also zeitlos.

Die einzelnen Dinge könnten gemäss dieser Vorstellung dadurch entstehen, dass sie aus dem Ganzen herausgefiltert werden, wie Kristalle. Etwa durch ein Erkennen, Widerspiegeln. Sie würden sich dann selbst definieren. Durch ihre Körperlichkeit bekommen die Dinge ihre Begrenztheit und ihr begrenztes Widerspiegeln.

Ob das Bild mit der Herauskristallisierung stimmt, ist nicht wichtig. Es ist auch nicht wichtig, dass wir *wissen*, wie es begonnen hat. Wichtig ist, die Tatsache zu verstehen, dass wir selbst ein Partikel inmitten des Weltalls sind und damit der Wirklichkeit auf eine Art gegenüber sind, die uns nur erlaubt, begrenzte Wahrnehmungen zu machen und nur menschengerechte Deutungen.

Demgegenüber wäre ein Sein „ohne Gegenüber" ein Sein ohne Wissen und Glauben. Wir wären aller Deutungen enthoben.

Zum Moment zusammengeschrumpft, würden wir sehen, dass GLEICHZEITIGKEIT im Punkt des jetzigen Moments wie ein Schnitt durchs ganze Weltall hindurch geht. Von A bis Z.

DIE DAUER BEI GENOM UND GEGENWART

Ein Rätsel ist für mich, wie es zur DAUER kommen kann, also zur *Kontinuität* bei der Weltdarstellung.

Eigentlich dürfte die Welt (der gesamte Bereich von Gegenüber) aus der GLEICHZEITIGKEIT heraus keine *eigene* Dauer, ja nicht einmal eine eigene Realität haben. Und genauso ist es wohl auch, aus der absoluten Perspektive gesehen.

Aber wir beobachten dennoch ein Kontinuum, auch einen Zusammenhalt in den Erscheinungen. Ich bin dann darauf gekommen, dass diese Eigenschaft der „Materie" kein Widerspruch zur GLEICHZEITIGKEIT derselben ist. Im Gegenteil: Gerade, wo etwas ein Kontinuum ist, ist es die GLEICHZEITIGKEIT, die das Kontinuum „macht" und die Dauer schafft. Oder noch überspitzter gesagt: Weil es keine Zeit gibt, gibt es in den „zeitlichen" Dingen eine Dauer. Da wird nichts gestottert, es zerfällt nichts zu Nichts. Aus unserer menschlichen Sicht ist es dann so, dass ein Ding aus dem anderen folgt. Wir nennen das den Ablauf der Zeit.

Dieses Kontinuum hängt auch zusammen mit der Existenz des eigenen Körpers. Das heisst: *Wir* sehen dieses Kontinuum, weil die Lebenszeit des Körpers eine bestimmte DAUER hat.

OHNE WARUM, GRUNDLOS

GLEICHZEITIGKEIT lässt entstehen, dieses und jenes. Theoretisch ist ALLES möglich, und es könnte alles ganz anders sein als jetzt.

Aber wie wir schon beim Thema DAUER gesehen haben, bestehen in der gegenständlichen Welt offenbar Gesetze für die Entwicklung. Solange wir Menschen die Beobachter sind, scheint es also kein wildes Durcheinander zu geben. Bei dieser Betrachtungsweise könnte man sagen, dass die Welt ständig eine Antwort ist. Die Welt befindet sich in einem Zustand von *Resonanz,* d.h. sie ist vielleicht stets eine Resonanz.

Einen Grund für all das gibt es wohl nicht. Im Licht der GLEICHZEITIGKEIT gesehen, wird man keine Ursache finden, ausser SIE SELBST. Man kann dabei nicht fragen: Warum ist es geschehen? Es hat keinen Sinn, das zu fragen, wenn es von selbst ist und seinen Sinn in sich selbst hat.

Wenn wir das Bild von einer GLEICHZEITIGKEIT akzeptieren, müssen wir auch alle möglichen anderen Ding-Welten als Möglichkeit zulassen. Unsere Welt, die wir als real wahrnehmen, erhält ihre Realität weitgehend durch unsere Wahrnehmung.

Es ist durchaus möglich, dass woanders vor anderen widerspiegelnden Lebewesen andere Welten als Realität erscheinen.

FORMUNG

Zunächst beginnt alles Menschliche und „Reale" mit dem Körperlich-Werden. Das geschieht, wie man heutzutage sagt, unbewusst. Das ist ein natürliches Herauswachsen.

Das Bewusstsein und das Denken folgen erst später. Ich halte diese Fähigkeiten für Fähigkeiten des kosmischen Ganzen.

Die Intelligenz, die im Kosmos wirkt und die Bewegungen zusammenhält, muss VOR dem Menschen schon da gewesen sein, dadurch ist die genetische Entwicklung des Menschen ermöglicht worden.

Von dieser vorhandenen Intelligenz ist etwas auf den Menschen und sein Widerspiegeln übergegangen.

MENSCHEN ALS IDEEN?

Aus der Sicht der GLEICHZEITIGKEIT ist es so:
Es war stets alles schon da. IMMER SCHON. Was jetzt entsteht, ist immer schon im Kosmos enthalten gewesen. Es hat genau genommen nie einen Anfang gegeben und braucht auch kein Ende zu nehmen. Es gibt nur verschiedene Formen, die in Erscheinung treten.

Das erinnert an die alte Philosophie von den Ideen, die man von Platon her kennt. In Anlehnung daran könnte man die ganze Welt, ihre Entstehung und Veränderung für nicht ganz real nehmen und auf etwas Luftiges wie Ideen zurückführen. Alles wäre die Wirkung von Ideen. Es könnte demnach sein, dass die GLEICHZEITIGKEIT auch ein Meer von Ideen ist.

Doch solche Vorstellungen bringen uns praktisch nichts.

Wie ich schon oft sagte, glaube ich nicht an die Existenz von einem Geist, der auf Materie einwirkt. Es ist nichts ausserhalb, alles ist innerhalb; aber es gibt dennoch Veränderungen bei den Erscheinungen, relativ von einer Erscheinungen zur anderen. Wenn man sieht, wie einzelne Lebewesen aufeinander einwirken, wie eine Form die andere verändern kann, braucht es nicht etwas ausserhalb, es braucht keine schöpferischen Ideen, es braucht nur Energie und Bewegung.

„Energie in Bewegung" könnte man alle weltlichen Erscheinungen nennen. Mit diesen Wörtern erklären wir aber nichts. Besser ist es zu verstehen, dass das alles GLEICHZEITIG ist.
Es ist der Zweck dieses Buchs zu erklären, dass die Welt ein Augenblick ist, eine augenblickliche *Darstellung.*

Und ich finde es nützlich, dass ein Mensch das weiss, auch wenn es nicht möglich ist, die ganze

Zeit über in diesem überirdischen kosmischen Geist drin zu sein.

WIE EINE FORM ZUR FORM WIRD

Wie im einzelnen eine Form zu einer Form wird, kann ein Mensch nicht wissen, weil er in seinem Bewusstsein selbst eine Form ist (oder ein Produkt), mit der sozusagen ein Spiel gespielt wird. Ich glaube nicht, dass der Mensch die Grenzen seiner Erkenntnis je wird beseitigen können. Wir bleiben eine Art von Spiegelfechter.

GLEICHZEITIGKEIT ist beim Spiegelfechten natürlich gegenwärtig, steht über diesen Vorgängen.

KREISLÄUFE

Anhand von bekannten Phänomenen lässt sich vielleicht die Gegenwart von GLEICHZEITIGKEIT einsichtig machen.

Zuvorderst sind die geltenden Naturgesetze zu erwähnen. Sodann gibt es a) kreisläufige Erscheinungen und b) Wechselwirkungen der Dinge aufeinander.

Kreisläufige Bewegungen bemerken wir in Planetensystemen, aber deutlich auch bei Lebewesen: beim Blutkreislauf, Stoffwechsel. Und das geht über physiologische Fakten hinaus. Es betrifft auch das ganze Erleben während eines Lebens. Ein und derselbe Mensch akkumuliert Erfahrungen, verarbeitet Erfahrungen. Der Kreislauf betrifft also das Körperleben bis hin zu dessen Zentrum, welches bei Menschen als Ich oder Selbst wahrgenommen wird.

WECHSELWIRKUNGEN

Wo es zwei Dinge gibt, wirken sie in der Regel aufeinander ein. So sind auch tote Dinge nicht tot, es wird auf sie eingewirkt, ausserdem stehen sie in Wechselwirkung zum Menschen, der sie sieht oder braucht. Für unsere Zwecke ist es so: Alle Feststellungen von einer Wechselwirkung von Dingen aufeinander können wir als Hinweis auf die GLEICHZEITIGKEIT sehen. Die GLEICHZEITIGKEIT macht die Sachen zu einer Ganzheit, macht auch Mensch und Aussenwelt zu einer Ganzheit.

Von besonderer Bedeutung ist dieses Prinzip bei der Genetik.
Schon früh hat Lamarck auf *Wechselwirkungen* in der Genetik hingewiesen, indem er feststellte, dass erworbene Fähigkeiten auf die Gene zurück-

wirken. Diese Feststellung muss wohl verallgemeinert werden. Ich vermute, dass nicht nur erworbene Fähigkeiten wichtig sind für eine Rückwirkung auf die Gene: Es kann sein, dass ALLES auf die Gene zurückwirkt. Wir haben im Kosmos ständig mit Wirkungen zu tun, die auf die Gene einwirken und womöglich eine Mutation auslösen. Dass die Erbanlagen des Menschen ständig einem fliessenden Wandel ausgesetzt sind, zeigt mir, dass es einen Zusammenhang zwischen dem Kosmos und dem Individuum gibt.

BILDER UND SINN

Natürlich kann ich durch solche Überlegungen die Erkenntnis von GLEICHZEITIGKEIT nicht erzwingen. GLEICHZEITIGKEIT lässt sich eben nie ableiten, es gibt keine Schlussfolgerung darauf. Es ist umgekehrt: GLEICHZEITIGKEIT ist vorher und immer schon da. Sie hat gewissermassen gar nichts mit all dem zu tun.

Noch eine Feststellung allerdings finde ich instruktiv: „Es ist immer alles da."

ALLES IST AUF EINMAL DA

Es ist im jetzigen Moment wirklich alles da. Es ist alles da, was wir brauchen. Es ist alles da, damit wir leben, sprechen, denken da. Es ist da mein Ich, mein Bewusstsein, mein Leben, mein Körper, das Universum darum herum, die Sonne, die stets Wärme spendet, da war schon lange die Fotosynthese, welche Leben entstehen lässt, Pflanzenleben etwa, das uns mit Essbarem versorgt. Nicht zu vergessen das Vorhandensein von anderen Dingen, die wir ständig brauchen wie Wasser, Luft, Holz, Kohle, Erdöl, Elektrizität...

Ein Moment in unserem Leben enthält also stets eine vollständige Ganzheit. Darum lässt sich vielleicht einsehen, dass der ganze Kosmos EIN Stück, eine Einzigkeit ist.

Dass wir als „ich" an einem bestimmten Ort in diesem Kosmos zu Bewusstsein „erwacht" sind, und die Welt in aufgesplitterter Form und aus beschränkter Perspektive sehen, ist eine Tatsache, die eine Erklärung in der GLEICHZEITIGKEIT findet.

DIE RELATIVITÄT DER WIDERSPIEGELUNGEN UND DER WELTBILDER

Immer noch bilden sich fast alle Menschen ein, dass sie die Wirklichkeit richtig erfahren und dass das, was sie davon wissen, die Wahrheit sei. Besonders die grossen Philosophen haben gemeint, dass sie die Welt ganz besonders richtig verstehen. Auf ihre Art und durch ihren Filter hindurch ist es der Fall gewesen. Aber sie hatten nur *ihre* Art von Widerspiegelung. Absolute Wahrheit ist ganz anders. Jedes Lebewesen widerspiegelt. So haben auch Hunde und Katzen auf ihre Art ein Weltbild. Und auch Fledermäuse, Fische, Mücken. Alle Lebewesen spiegeln die überwältigende Tatsache, das ETWAS vorhanden ist, auf ihre Weise, und ihre Wirklichkeit entsteht in der Korrelation zu den körperlichen Fähigkeiten. Es geht um eine Herausfilterung.

UNSER GEGENWÄRTIGER BLICK IN DIE VERGANGENHEIT

Der Mensch, welcher historisch forscht, meint oft, weil er solche Fakten aus vergangenen Zeiten zusammenträgt, dass er über dem Geschehen steht. So wird etwa die Geschichte des Universums in Form von Milliarden von Jahren ausgemessen. Es ist absurd. Der Mensch wird auch überheblich, wenn es ihm gelingt, die atomare Struktur zu zerlegen. Das Fachwissen in der Physik, welches mit Quanten zu tun hat oder mit den „5 Grundkräften" im Weltall, lässt einzelne Forscher glauben, dass sie nahe daran sind, die Welt ganz und gar zu verstehen und auch handhaben zu können.

In Wirklichkeit lässt uns das ganze Energiegewoge im Universum ratlos zurück. Und das gewonnene Wissen über „Elemente" oder „Grundkräfte" bedeutet doch vor allem, dass an der ganzen Sache überhaupt nichts verstanden worden ist. Man weiss nicht, was die Substanz (des Dings) ist, geschweige denn, wie sie zustande kommt. Und man weiss nicht genau, ob ein Ding ein Ding ist.

GLEICHZEITIGKEIT ist dem gegenüber Nichtverstehen. Dieses fasst zusammen. Manchmal ist eine gehobene Art von Nichtverstehen besser als eine wirre Art von Nachdenken.

SPUK ODER ECHT?

Was die Entstandenheit oder Geformtheit der Welt betrifft (im Realitätsgehalt), so fangen immerhin die Physiker langsam an, die Dinge eher als transparent oder immateriell zu sehen. Aber was soll das heissen? Für uns alltägliche Menschen mit alltäglichen Sinneswahrnehmungen geht es nicht darum, dass Physiker uns sagen, dass Materie nicht existiert und „Realität" nur in ihren mathematischen Formeln ist, mit denen sie versuchen, die subtilen Energiephänomene zu beschreiben.

Man kann sich gerade so gut fragen, ob die Energiephänomene eigentlich die wirkliche Wahrheit sind oder ob wir uns vielleicht mitten in einem Spuk befinden, in welchem wir wahnsinnig geworden sind.

Ob es ein Spuk ist oder nicht, spielt aber viel weniger eine Rolle als die Leute meinen. Denn: Wo es um GLEICHZEITIGKEIT geht, sind auch Dinge heilig, die ein Spuk sind.

Sehr wahrscheinlich wird die Menschheit nie wissen, ob die Welt ein Spuk ist oder nicht. Der SINN liegt eben ganz woanders. Er liegt dort, wo ein Mensch mit Denken nicht hingelangt.

NOCH MEHR AUFWÄRTSENTWICKLUNG?

In diesem Kapitel über die Entstehung des Menschen stehen nicht nur Fragen im Raum, *wie* sich die Aufwärtsentwicklung (Evolution) abgespielt hat, sondern auch, ob es mit Aufwärtsentwicklung weitergeht. Kommt endlich mal ein Durchbruch?

Oder ist dieser Aufstieg seit der Schöpfungsgeschichte von Moses endgültig vollzogen und nicht mehr steigerbar? Die „wissenschaftliche" Evolutionstheorie an und für sich würde verlangen, dass

es Mutationen geben geben wird, die den Über-
menschen hervorbringen.

Zu glauben, dass eine Weiterentwicklung über die
jetzigen Grenzen hinaus möglich ist, bis man gott-
ähnliche Eigenschaften erreicht hat, ist leider in
der Menschheit unterschwellig vorhanden. Da bildet man sich ein, dass dieser Kosmos durch eine
intelligent gewordene Tierart namens Mensch op-
timal repräsentiert wird! wobei die menschliche
Intelligenz gewissermassen alles in sich aufsaugt
und der Kosmos dann nur noch auf unserer Seite
(in erkannter Form) existiert und im Verborgenen
nicht mehr.

Das Umgekehrte wird nicht gesehen, nämlich
dass der Kosmos genau gleich wäre, wenn es keinen Menschen gäbe, der den Kosmos widerspiegelt. So wie ich es sehe, könnte der Kosmos ohne
Weiteres wieder beim Nullpunkt anfangen.

Wir dürfen uns sicherlich an unserer Intelligenz,
unserer Willens- und Gestaltungskraft, unserer
Liebesfähigkeit und Fantasie erfreuen. Und auch
an all den Erfindungen usw. Doch mir scheint,
dass der Zusammenhang nicht mehr gesehen
wird. Die Leute wissen nicht, wo sie ihre Gaben
her haben.

Fortschritt technisch oder im Sinn einer Aufstöberung von neuen Fakten in der Aussenwelt wird für sich allein also gewiss keine Veränderung der Gattung zu Folge haben.

Und überhaupt! Was könnte ein Aufstieg sein? Wollte man besser sein als der Homo Sapiens, dann müsste man einen ganz anderen Körper haben! Womöglich einen Feinkörper.

Das ist Fantasie, und es würde die Definition von „Mensch" aufsprengen. Der homo sapiens ist definiert als fleischliches Wesen mit beschränkten Sinnesorganen und Reflexionsfähigkeit. Dadurch dass er mit dem Leben seines Körpers zusammen in Erscheinung tritt, wird er immer eine dualistische, durch die Sinne begrenzte Sicht auf die Welt haben.

Also vergesse wir das mit dem „Aufstieg" der Menschheit! Nach wie vor wird es Spitzenleistungen im menschlichen Rahmen geben. Es wird weiter hin ab und zu eine besondere Begabung geben, wie wir etwa bei Einstein, Beethoven, Goethe etc. gesehen haben. Aber 99,9% werden auch in 2000 Jahren noch etwa gleich sein wie jetzt.

DEVOLUTION

Auf der Welt gibt es natürlich nicht nur aufbauende Kräfte, sondern auch das Gegenteil davon.

Es kann morgen etwas passieren und kein Mensch lebt mehr. Es gibt Leute, die von Vakuumkollaps gesprochen haben, einem blitzartigen Zusammenbrechen des Universums. So, wie wir das Licht ausknipsen. Dann müsste ich GLEICHZEITIGKEIT niemandem mehr erklären.

IST DAS KOSMISCHE WIRKEN UNHEIMLICH?

Es gibt die kollektive Entwicklungen, die man als „Fortschritt" bezeichnet. Die Weiterentwicklung des eingeschlagenen Wegs wird aber ziemlich sicher zu einer Dezimierung der Menschheit führen.

Die Lebensgrundlage der Menschheit auf der Erde kann auch durch Naturkatastrophen zerstört werden. Man erwähnt hier meistens Meteoriteneinschläge, Kometen und Vulkanausbrüche.

Auch ohne Naturkatastrophe wird alles, was gekommen ist, wieder vergehen. Jeder Einzelne weiss von seiner eigenen Endlichkeit, es gibt Krankheit, Altern, Unfall. Das widerfährt uns.

So hat das kosmische Wirken auf der Erde auch einen unheimlichen Zug. Es will Dinge verändern, Leben beenden. Auch Trübung des Bewusstseins oder psychische Zusammenbrüche gibt es.

Wird man durch solche Tatsachen auf SINN zurückverwiesen? Ja, dieser ist aber weit weg.

Der Sinn von allem müsste jedenfalls jenseits der körperlichen Lebens gefunden werden. Und wie man wohl Sinn und das eigene Absterben miteinander verbindet? Ich denke, der Sinn liegt weder hier noch da, weder im Leben noch im Nichtleben; er ist ganz woanders.

Ausser der Ichheit (dem Wesen) wird alles wieder verschwinden. Und die Ichheit? Möglicherweise transformiert sie sich in ein weiteres und durchsichtigeres Gebilde?

GLEICHZEITIGKEIT UND FRIEDEN

GLEICHZEITIGKEIT ist die Gewissheit, dass etwas über den irdischen und menschlichen Verhältnissen steht, auch über Entartungen und Fehlentwicklungen. SIE ist immer sowohl DARIN als auch UNABHÄNGIG davon.

Für uns ist die Kenntnis der Unabhängigkeit von allem heilsam. Einerseits haben wir das Leben, dessen zeitliche Begrenztheit, andererseits steht GLEICHZEITIGKEIT darüber, über allem.

So möge es gelingen, mit der Welt Frieden zu machen, und auch innere Spannungen loszulassen!

Es breite sich Frieden aus!

SOZIALES LEBEN UND SCHEINWELTEN

In diesem Kapitel geht es darum zu zeigen, dass das menschliche Bewusstsein vor allem eine Vitalfunktion ist, die zum physischen Leben gehört. Es dient der Orientierung und zur Anpassung an andere Menschen. Es ist abhängig von Ort und Zeit, enthält die Inhalte des Zeitgeists und ist durch die konventionelle Begrifflichkeit eingeschränkt.

Ob andererseits auch etwas von SINN oder GLEICHZEITIGKEIT im Bewusstsein sein kann? Es würde sich um eine Überlagerung des Alltagsbewusstseins handeln, und ich bin nicht sicher, ob der SINN der Welt oder deren GLEICHZEITIGKEIT überhaupt in den bewussten Bereich gezählt werden kann.

Falls das eher ins Überbewusste gehört, lässt sich besser erklären, woher eine Kritik an der menschlichen Bewusstheit von Dingen überhaupt herkommt.

ANPASSUNG AN DUALISTISCHE SYSTEME

Der Mensch wird durch Lernen und Anpassung zu einem modernen Menschen. Man lernt im Elternhaus und in der Schule und nachher aus den Medien. Im Zuge der Sozialisierung, lernt der Einzelne, seinen Körper zu gebrauchen, er lernt eine Sprache, lernt Dinge zu unterscheiden. Und er wächst voll und ganz in seine eigene Rolle hinein. Es handelt sich um eine Relativierung des Geistes und eine Anpassung an die dualistische Deutung der Realität.

Anpassung an bestehende dualistische Systeme des Denkens, Wissens und Meinens kommt der Anpassung an eine Scheinwelt gleich: an eine gemachte, künstlich erzeugte Begriffs- und Glaubenswelt.

Der Mensch ist weitgehend gezwungen, an der aktuellen Scheinwelt teilzunehmen. Der Mensch ist genetisch als soziales Wesen programmiert: Er braucht Beziehungen zu anderen und einen Austausch von Wissen mit anderen.

Wenn das aber alles ist, was eine Rolle spielt, so geht der Überblick verloren. Der Mensch wird einseitig. Er muss erneut lernen, dass es jenseits der allgemein gültigen Scheinwelt noch mehr gibt. Viele weichen ins Künstlerische aus. Das ist gut, doch es geht weiterhin darum, wie weit die gesamte Kultur, all diese Konventionen, der allgemeine Zeitgeist in den zweiten Rang versetzt werden. GLEICHZEITIGKEIT ist und bleibt gegenstandslos und lässt sich auch in Kunstwerken nicht abbilden. GLEICHZEITIGKEIT ist vollkommen monistisch: Eines ohne ein Zweites.

PROGRAMMIERT SCHON BEIM AUFWACHEN

Ich erlebe öfter, wie sich die Zweiheit zwischen mir und der Welt beim Aufwachen bildet, ich merke noch den Ruhezustand und dann, wie sich das Gegenüber bildet.

Gleichsam portionenweise oder schichtweise entsteht beim Erwachen die konkrete Realität, in der ich lebe, mit meiner individuellen Vergangenheit, mit meiner gewohnten Umgebung. Die Welt wird dinglich, konkret.

ERREGUNGEN UND BEWEGUNGEN IN DER SCHEINWELT

Die (erkannte und scheinbar reale) Welt, in der wir leben, wird bewegt. Neue politische Strömungen, neue Entdeckungen kommen. Deswegen denkt man sich erst recht, dass sie von Bedeutung sind.

Aber bedenk: Alle grossen Philosophen haben nur ihre nervlichen Erregungen beschrieben! Sie gaben erregende Gedankenbilder von sich, teils neue. So ist es auch bei Forschung. Einstein, Pauli und alle anderen Erklärer der Physik. Sie waren in ihrem Nervensystem betroffen und gaben etwas wieder, welches das Weltbild verändern sollte. Ihre Widerspiegelungsfähigkeit wurde angeregt, aber wovon?

Das weiss man nicht.

Und den Stiftern von Religionen ging es ähnlich. Auch sie waren einem Impuls, einem Drang ausgesetzt und haben dann eine Religion erschaffen.

Erregt von etwas, inspiriert von etwas, schufen sie religiöse Vorstellungen.

Heutzutage sind die Religionen nicht mehr so stark beteiligt an der Erzeugung von Scheinwelten. Heutzutage ist die Naturwissenschaft an die Stelle der Religion getreten. Sie ist es, die vorgibt, die Wirklichkeit *als solche (!)* abzubilden. Sie ist auch Trägerin des Heils. Das Heil wird im Fortschritt des Wissens gesehen. Da gibt es das Geflunker von der zukünftigen Entschlüsselung aller Naturgesetze, Herrschaft über alles usw. Das ist der bare Unsinn. Auch Wissenschaft ist nur ein Fortschreiten von einer nervösen Erregung in die nächste, ein Gang von einer Eindimensionalität in die nächste!

SCHLEIER DER MAYA

In der indischen Philosophie gibt es so etwas wie einen Schleier über der Welt - Schleier der Maya nennt man das - und ich deute das so, dass unser Bewusstsein vernebelt ist und die Sicht auf die wirkliche Wirklichkeit verschleiert ist.

Natürlich geht es auch darum, *wie weit* ein Mensch von seinem Bewusstsein vernebelt ist. Es muss ja nicht total sein.

Aus unserer Sicht würde ich sagen, dass der Schleier der Maya bedeutet, dass man das, was man kennt, überhaupt *für die Realität* hält... dass man nicht über die Wechselwirkung hinaussieht, in der man steht, also den SINN und das GANZE nicht mehr versteht.

OHNE FALSCHE WIDERSPIEGELUNGEN

Wie ein Trost ist in diesem Zusammenhang das folgende Zitat von Huangpo. (Das Zitat ist von mir leicht abgewandelt worden):

„Euer Wahres-Wesen ist euch niemals

verlorengegangen, selbst nicht in den Augenblicken der Täuschung, noch wird es im Augenblick der Erleuchtung gewonnen. Es ist das Wesen des Erwachens zur GLEICHZEITIGKEIT (Bhutatathata), dass es weder Täuschung noch rechtes Verständnis gibt. SIE füllt die ganze Leere aus und ist von Anbeginn von der Substanz des Einen Geistes.

Wie könnten die vom Denken erschaffenen Objekte ausserhalb der GLEICHZEITIGKEIT existieren? IHRE LEERE ist im Grunde ohne räumliche Ausdehnung, ohne Leidenschaften, Tätigkeiten, Täuschungen oder rechtes Verstehen. Du musst klar erfassen, dass in ihr keine Dinge sind, weder Menschen noch Buddhas. Denn diese Leere enthält nicht die geringste Haaresbreite von irgendetwas, das räumlich gesehen werden kann. Sie hängt von nichts ab und ist an nichts gebunden.

Sie ist alles durchdringende, fleckenlose Schönheit. Sie ist das aus sich selbst existierende und nicht geschaffene Absolute."
Huang-po, S.105-106

WIE MACHEN WIR ES BESSER?

Wir sind oft von unseren Gedanken und Reaktionen erregt. In der einschlägigen Literatur geht es oft darum, dass man wenigstens die besonders wildgewordenen Widerspiegelungen, Erregungen und Reaktionen beruhigen soll. Da heisst es:

> „Ganz still stehen und so lange wie möglich, das ist dein Allerbestes." Eckhart, S. 435, Zeile 23

Im Sinn ähnlich, aber anders ausgedrückt, klingt es so:

> „Nur ohne Abneigung und ohne Vorliebe
> verstehst du wirklich die klare Leere.
> Um Haaresbreite abgewichen
> und Himmel und Erde klaffen auseinander.

oder derselbe Text, anders übersetzt:

> „Wenn du jedoch die kleinste Unterscheidung triffst,
> werden Himmel und Erde unendlich weit voneinander getrennt.
> Soll die Wahrheit sich dir offenbaren,
> Lass jede Meinung für oder gegen etwas beiseite."
> (Seng Ts'an, Die Meisselschrift. Die Übersetzer sind nicht genannt.)

So beschreibt Seng Ts'an die Herauslösung. Scheinwelt ade! Kein Schleier wird erzeugt. Die menschengemachte Realität ist zweitklassig. Die Dinge sind im Keller, das Gerümpel ist unten. Es ist losgelassen.

Es bleibt bei allem dem aber immer etwas übrig: nämlich ein ETWAS und nichts gegenüber.

Somit sind wir wieder beim Thema „Ohne Gegenüber in der Gleichzeitigkeit".

ZEIT UND DAUER VON „OHNE GEGENÜBER"

Der geistige Zustand von Befreitheit ist nicht ein Akt von besonderen Minuten. Es ist ein Zustand, der keine Zeit kennt, also kann er auch dauernd sein, muss dauernd sein. Er kann über dem menschlichen Bewusstsein sein schweben, auch im Alltag.

Solange wir leben, können wir somit ganz gut an der menschengemachten Scheinwelt teilnehmen. Verwirrungen, die kommen, legen sich auch wieder.

EINZELNE BILDER UND BEGRIFFE

Dieses Buch hat kaum einen Aufbau. Es geht immer um dasselbe von Anfang bis Ende. Daher wird es nicht stören, wenn ich im Folgenden noch ohne System einzelne Begriffe erwähne, um sie zu kritisieren oder auch um sie einer meditativen Vertiefung zu unterziehen.

Da man nicht weiss, wie die Welt entstanden ist, wurden Mythen, also erzählende Vorstellungen davon erfunden.

SCHÖPFUNGSMYTHEN

Und zwangsläufig ist es bei allen Völkern so gewesen, dass ihr Schöpfungsmythos mit der Erschaffung von Zweiheit begann.

Dass es so ist, sagt meiner Ansicht nach nichts über die Wirklichkeit aus, hingegen viel über das menschliche Bewusstsein. Da, wo dieses Bewusstsein erklärt und deutet, steht es einem Ding gegenüber. Und es sind menschliche Fantasien, die den Unterschied zwischen Himmel und Erde erzeugen oder die eine Zweiheit zwischen Gott und Mensch erzeugen. Das ist *gedacht*, nicht wahr, es ist nicht unmittelbar erfahren.

Die Schöpfungsmythen, die auf Moses zurück gehen, sagen insbesondere aus, dass Gott sich selbst gespalten hat. Es wird vom Werk eines Wirkenden gesprochen. Warum der Wirkende wirkt und worin genau dieses Wirken besteht, wird nicht gesagt.

Sprechen wir von GLEICHZEITIGKEIT, also auch von Allzeit und Nichtzeit, so sollten wir uns mit dem Bewusstsein von ihrer Gegenwärtigkeit begnügen. Aus GLEICHZEITIGKEIT selbst wieder einen Mythos zu machen, wäre falsch.

Mit der Vergegenwärtigung muss man es ganz genau nehmen. Es ist die Sicht auf nichts, keine Sicht auf etwas. Es gibt eigentlich gar keine Weltentstehung. Es gibt nicht zwei Dinge. Eine Trennung zwischen Himmel und Erde, Gott und Mensch gibt es nicht. Es gibt aus dieser Sicht keine Unterschiede, denn kein Ding ist wirklich ein Ding. Nehmen wir es genau mit GLEICHZEITIGKEIT, dann gibt es kein Gegenüber.

ORT, ZEIT

Auch Ort und Zeit gibt es nicht wirklich. Mir scheint, dass auch das nur mit unserer Wahrnehmungsfähigkeit zu tun hat. Wenn einer sagt: Ich bin jetzt an einem bestimmten Ort und heute ist das Datum von so und so, ist das eine sekundäre Deutung, die nichts mit der absoluten Wirklichkeit zu tun hat.

Sich mit einem Ort, einer Umgebung und einer Zeit verbunden zu fühlen, ist nichts Anderes als eine Erregung und Reaktion des Körpers, welche im Bewusstsein mit Koordinaten ausgestattet wird, welche von der Zeitmessung und Geographie her kommen.

DAS KOMMEN DER WELT

Wären unsere Wahrnehmungen stets augenblicklich und momentan, hätten wir es mit GLEICHZEITIGKEIT zu tun. Diese ist immer ein Kommen. Die ganze Welt entsteht für uns Betrachter von Moment zu Moment als (zustande-) *gekommene* Erscheinung.

Dabei unterliegen wie dem Zwang zu widerspiegeln. Wir sind *insgesamt selbst* eine

Widerspiegelung, könnte man sagen.

Und weil wir widerspiegeln (und denken) entsteht die Möglichkeit, Vergleiche anzustellen. Das ist der Grund, warum die Dinge für uns auch stets wieder gehen. Vergleichen wir sie, sind sie bereits gegangen, sind schon Geschichte.

Für uns ist klar, dass die Dinge sich ändern; alles fliesst, heisst es. Aber dieser Tatsache sollten wir nicht die ganze Zustimmung schenken, denn alles, was sich ändert, geschieht in einem Rahmen, der keine Zeit kennt.

Man kann die Dinge, alle gesamthaft, als die Darstellung von etwas Zeitlosem betrachten. Das so zu erleben, wäre zweifellos eine Erlösung, aber meistens geht das nicht so einfach. Wir sind selbst mit Dingen verbunden, *selbst ein Ding*, sind der Wirkung anderer Dinge unterworfen. Als Mensch werde ich durch das Kommen und Gehen der Dinge betroffen, da entsteht Leid und Freude. Da entstehen all die Beziehungen.

So sind wir wohl auf die eine grosse Alternative angewiesen: die GLEICHZEITIGKEIT inmitten der Dinge. Ich sehe *damit* nicht nur die Dinge, die kommen und gehen und mich betreffen, sondern darin auch etwas von einem gleichbleibenden SINN.

ZIEL UND BEDEUTUNG

Weil wir als Menschen die ganze Welt als ein Gekommensein erleben, das wieder fort geht, haben einige Leute gedacht, dass die Welt nicht nur eine Erscheinung ist, die sich verändert, sondern dass sie eine *Entwicklung* ist. Und diese Leuten glauben meistens, dass es sich um eine Entwicklung hin zu einer Verbesserung handelt, und das bedeutet natürlich, dass alles zu einem Endpunkt oder Ziel hinführen muss.

Es ist meiner Ansicht nach ein Denkfehler, aus einer Bewegung zu schliessen, dass diese ein Ende haben muss und an ein Ziel führt. Eine Bewegung kann auch ewig weitergehen, also zeitlos sein, und ausserdem kann sie auch aufhören, ohne etwas erreicht zu haben.

Wer sich mit GLEICHZEITIGKEIT befreundet hat, wird kaum den Wunsch haben, eine Erklärung für die Entstehung der Welt abzugeben. GLEICHZEITIGKEIT meint ja einfach das Zentrum der Welt. Die Essenz davon. Die Bedeutung der Welt liegt demnach in ihrer GLEICHZEITIGKEIT. Das ist kein Zirkelschluss, sondern eine primäre Tatsache.

Nimmt man GLEICHZEITIGKEIT als Tatsache, ist jedenfalls klar, dass die Welt nicht wie eine Eisenbahn ist, die an ihre Endstation fährt, und das auch nicht tun muss, denn sie ist immer schon angekommen.

Klar wird auch, dass die gegenwärtigen Momente einerseits (für den Geist) ungegenständlich sind, andererseits in ihrer dinglichen Form eben dinglich; und es sind dann *die Dinge,* die ALLES enthalten.

Das ist immer besonders schwer zu verstehen. Warum? Weil der Mensch dazu neigt, den Dingen, die er wahrnimmt, eine eigene Realität zuzubilligen, als hätten Dinge aus sich selbst einen unabhängigen Bestand.

So ist es nicht. Dinge haben aus geistiger Sicht überhaupt keine Eigenexistenz. Sie gehören zum kosmischen Energiefluss und sind darin erst Erscheinungen, wenn sie von einem wahrnehmenden Subjekt wahrgenommen werden. Dinge sind dann Bilder einer bestimmten Gegenwart,und in einem aktuellen Moment tragen die Dinge dann auch ihre ganze Vorgeschichte in sich, die ganze Vergangenheit dieses Weltalls (siehe die menschliche Genetik) und die gesamte Zukunft.

GLEICHZEITIGKEIT enthält also ein sehr weites Spektrum von Zeit und Nichtzeit, von Sein MIT Wahrnehmung und Sein OHNE Wahrnehmung. Es geht weit über den Menschen hinaus. Gleichzeitig ist der Kern oder das Wesen von allem gegenwärtig. Ein Ding ist daher nie nur ein Ding. Alles hat denselben einen SINN. Die Bewegungen, Veränderungen, ebenfalls.

KREISLAUF IM BILD DES UROBOROS

Zur dinglichen,„gestalteten" Welt gibt es noch ein Bild, das sehr alt ist und den Kreislauf abbildet. Es geht dabei um Sinn und Charakter der gesamten sog. „Schöpfung".

Es geht um den Uroboros.

Der Uroboros ist ein Drache, der einen Kreis bildet und sich vom Schwanz her selbst auffrisst. Dass er sich weiterfrisst, ist der Fortschritt, dass er sich dabei *selbst* frisst, symbolisiert wohl die Nichtigkeit von allem. Anfang und Ende in einem Bild.

DIE SILBE OM

Eine gute Welterklärungsformel ist die Silbe OM (oder AUM). Diese Weltformel entstammt einer musikalischen Auffassung von der Welt, es geht um Weltentstehung aus einer Schwingung heraus.

Dabei umfasst die Formel OM Materie, Seele,

Geist, alle Formen und alle Veränderung... Es geht damit um ein ziemlich monistisches Konzept. Alles klingt und schwingt. Die Vielfalt kommt von einem einzigen Ton her.

> (In der Physik haben sie neuerdings die „Stringtheorie" entwickelt: „string" heisst auch „Saite". Ob dabei Vergleiche mit indischer Philosophie gemacht werden, weiss ich nicht.)

GLEICHZEITIGKEIT in der Welt könnte demnach mit einem dauernden Orgelton verglichen werden, wobei sich aus diesem Orgelton ein weites Spektrum von anderen Klängen in allen möglichen Frequenzen gleichzeitig erheben würde.

Der Haken bei der Om-Vorstellung ist der, dass sie auf keimhafte Weise wieder in die Zweiheit oder Polarisierung hinein führt. Denn man könnte sich fragen, wer oder was die Silbe OM ausspricht. Oder sich fragen, was für ein Medium es ist, das in Schwingung gebracht wird. (Das sind bereits dualistische Gedanken.)

Im Gegensatz zu „Am Anfang war das Wort" bedeutet die Silbe OM eine Dauerschöpfung, in welcher der Schöpfergott zu einem gegenwärtig klingenden Gott wird.

Aber was passiert, wenn dieser Klang vielleicht doch einmal verklingt, aufhört? Es spielt keine Rolle, denn wir werden es nicht erleben. Es gäbe dann weder Dinge noch Widerspiegelungen davon.

ATEM

Ein anderer bekannter Elementarbegriff ist der ATEM. Als Lebewesen bestehen wir weitgehend aus Atem, das stimmt schon. Und vielleicht besteht die ganze Welt aus Atmen?

Das ist erneut eine Allegorie oder Verbildlichung.

Dass es in der Welt Bewegung gibt, dass es Gegensätzlichkeit gibt, gegenseitige Entsprechungen und wechselartige Vorgänge, Pulsieren, Expandieren und Kontrahieren usw., hat viele dazu veranlasst, von Schöpfungszyklen zu sprechen. Ein Ein- und Ausatmen von ganzen Schöpfungen.

Für unsere eigene Geistigkeit wie auch für die Substanz der ganzen Welt spielen solche Vorstellungen keine Rolle. GLEICHZEITIGKEIT gehört in einen Bereich JENSEITS DES ATMENS, jenseits von Weltzyklen, überhaupt jenseits von Welt.

BRENNEN

Dass der Mensch wie auch der ganze Kosmos ein Brennen ist, haben schon viele Leute gesagt. Man kann alle Bewegungen im Kosmos ein Brennen nennen. Gemäss diesem Bild wäre GLEICHZEITIG-KEIT etwas Zentrales, welches sich in Form eines Brennens in der Welt äussert. Das Bild vom Brennen ist allerdings nur ein äusseres Bild, welches auf eine falsche Art einleuchtet und damit von GLEICH-ZEITIGKEIT als primärer Tatsache ablenkt. Spricht man von Brennen, gelangt man noch schnell zur Vorstellung eines Eigenlebens der Dinge. Das gibt es aber nicht.

INDIVIDUELLE GESTALT, SCHICKSAL

Der Vergleich mit einem Brennen im Kosmos lässt sich wo7hl am besten anwenden auf das eigene Leben und Lebendigsein. Man fühlt sich leben von innen her.

Und das hat auch seine Aussenseite: Körper, Gestalt, Individualität. Ich werde jetzt gerade *als Besonderheit* erzeugt und zwar auf meine Art und immer gerade in dem, was ich gerade tue und denke. Zuerst empfange ich, dann bin ich. Zuerst empfange ich, dann mache ich etwas. Ich empfange immer und am laufenden Band. Zuerst kommt es, dann äussere ich es. Jedes Tier macht, was es muss. Jeder Mensch ebenfalls, was er kann und muss.

Soweit also etwas zu Brennen im Individuum.

GLEICHZEITIGKEIT DES BRENNENS

Wenn wir von Brennen sprechen, dann haben wir nur ein anderes Wort für die Bewegungen gefunden, das heisst für die Energieumlagerungen, die es gibt. Man kann sagen: Es ist die eine gleiche Energie, die umgelagert wird und zu Dingen wird.

Das Brennen findet in den Dingen statt. Aber es ist immer EIN und DASSELBE, welches die Dinge zum Brennen bringt. Darum lässt sich erkennen, dass all das, was uns begegnet, GLEICHZEITIG ist.

Man kann das auch auf sich selbst beziehen. Wie die Erde magnetisiert ist, sind wir magnetisiert. Wir werden erzeugt, werden gemacht, hervorgebracht. Wie wir empfangen, merken wir nicht. Es ist einfach da. Es ist sofort körperlich gefiltert, schon gestaltet. Und wie wir uns äussern und uns verhalten, gehört ebenfalls dazu. Auch das gehört zum Gesamtphänomen, welches ein Individuum ist.

Natürlich ist dieses Geschehen uns unbewusst! Es geht durch uns hindurch. Alles ist plötzlich da, auf einmal, innen und aussen gleichzeitig, die Darstellung erfolgt auf einmal.

Sogar da, wo wir die Handelnden, die Täter, werden, ist es nicht anders. Auch in unseren Wünschen und Trieben sind wir Empfangende und Ausführende.

Und: Das Brennen tritt bekanntlich auch als Libido auf, wie etwa auch als Geltungstrieb.

FAST ALLES IDENTISCH

Frage: Gibt es nichts Höheres, sondern nur GLEICHZEITIGKEIT in allem? Antwort: Genau so ist es. Vereinigst du dich mit dem, was gegenwärtig ist, kannst du nichts Höheres mehr suchen.

DAS SELBST, DIE KAPSEL, DAS NEST

Um nicht bilderfeindlich zu wirken, habe ich bereits mehrmals ein paar Bilder erwähnt:

GLEICHZEITIGKEIT hat zunächst zwei Seiten, eine innere und die Welt. Das gehört zusammen, aber vorher denkst du vielleicht an eine „Kapsel" oder ein „Nest", um eine Sammlung im Inneren zu finden.

Der einzelne Mensch kann auch mit einem Astronauten verglichen werden. Im grossen weiten Universum schwebt er in einer Raumkapsel dahin.

Wo so ein Bild ist oder ein anderes Leitbild oder auch ein Leitgedanke vorliegt, ist es immer gleich.

Dazu sagte Linji:

> „Ihr müsst denjenigen erkennen, der mit diesen Reflexionen spielt." Linji, S.53
> "Er ist ohne Form und ohne Eigenschaft, ohne Wurzel und ohne Ursprung... Der Ort aller seiner verschiedenen Aktivitäten ist ein Nicht-Ort. (...)
>
> Ihr alle, ihr dürft nicht denken, dass dieser phantomhafte Begleiter Substanz besitzt." Linji, S.74

SAKRAL?

Ein Kritiker sagt: „Wenn Menschen durch GLEICHZEITIGKEIT motiviert werden sollten, müsste diese etwas an sich haben, wonach man sich sehnen kann." Er meint: „Sie müsste etwas Sakrales, Heiliges sein und das Fühlen anregen. Ein Schauder, eine Gänsehaut sollte entstehen! Und das Herz müsste auffliegen!"

Aber gewiss. Eine Gänsehaut beim einen, eine Ernüchterung beim anderen, Tränen beim Dritten. Sakral nennt man besonders starke Wirkungen auf die Nerven. Was wir finden, muss aber nicht auf die Nerven wirken. Es soll im Gegenteil jenseits von Nerven sein.

Hier noch zwei gefällige Bilder für das Sakrale bei der *Weltentstehung*: 1. Zuerst amorph, dann Bumm: alles da. 2. Eine Fläche und ein Ball schlägt darauf.

Es ist nicht lange her, dass die Welt entstand, die Welt entsteht jetzt gerade.

DIE EMPORZIEHENDEN BILDER

GLEICHZEITIGKEIT ist keine Bewusstheit von etwas, sondern ein „gelassener" Zustand. Was könnte Erlösung sein, wenn nicht die Erlösung von Zweiheit, diesem Hin und Her?

Damit eine Stillung im Gemüt eintritt, gibt es Hilfsvorstellungen. So etwa kann ein Mensch sich an emporziehende Bilder halten, geliebte Bilder meistens. Solche Bilder sammeln den zerstreuten Geist. Ich kann da nicht alle Möglichkeiten erwähnen; sie sind von Volk zu Volk, von Mensch zu Mensch verschieden.

Im christlichen Raum ist Jesus das bekannteste Beispiel. Jesus ist ein Prototyp von Mensch und von dem „Selbst".

In den Kirchen wird immer noch gelehrt, dass

durch Jesus automatisch eine Erlösung eingetreten sei. Dies geht auf die magische Lehre von der Erlösung vom Gottesfluch (Erbsünde) durch den Kreuzestod zurück. Diese unsinnige Konstruktion überdeckt die Tatsache, dass Jesus auch hier und jetzt noch der Inbegriff des eigenen Wesens sein kann und auch heute noch ein „emporziehendes Bild" ist. Versteht man es personifizierte Urbilder des *eigenen* Wesens gibt, dann ist die Sammlung auf Jesus die Erhebung aus dem Alltag, wenn nicht gar eine Lösung aus dem weltlichen Bereich.

Wenn ich Gottesgestalten wie Jesus als Hilfsvorstellungen bezeichne, um die Wirklichkeit zu verstehen und GLEICHZEITIGKEIT von allem zu erfassen, so könnte man das blasphemisch nennen. Aber was für eine Funktion sollte ein Gott denn sonst haben? Jesus ist in dieser „Anwendung" auch weder ein Götze noch ein Ausserirdischer, sondern etwas Nahes, Gegenwärtiges, wie es das eigene Wesen ist.

Dass umgekehrt das eigene Wesen dasselbe wie das Wesen der ganzen Welt ist, und damit dasselbe ist wie die GLEICHZEITIGKEIT, bleibt bestehen.

Es gibt nichts Anderes. Es gibt nicht zwei Dinge im Universum. Es gibt EIN einziges Prinzip. Taucht irgendwo eine Zweiheit auf, so ist das die zweiheitliche Erscheinung des Einzigen.

Wenn ich in diesem an und für sich recht kühlen Buch soeben den Aspekt der Wärme und Liebe zu einem Vorbild hinein gebracht habe, bleibt doch alles bei der ursprünglichen Aussage, dass GLEICHZEITIGKEIT total ist. Man kann sich nicht an sie anschleichen.

„Emporziehende Bilder" betreffen die Psychologie des Menschen. Statt alles auf einmal zu erreichen, geht es dabei um Anhaltspunkte, Sammlungspunkte. Bei der wirklichen Einsicht in GLEICHZEITIGKEIT wird all das bedeutungslos.

Hilfsvorstellungen wie „Nest, Kapsel, Turm, Emporsteigen" sind auch so zu verstehen. Eine Bündelung der Kräfte, eine Sammlung auf etwas Einziges mag die Folge sein. Die Bedeutung von Bildern und Vorbildern liegt in der Projektion: Der Mensch strahlt sie aus und erhält davon eine Rückwirkung.

DER SUCHENDE IST DER FINDER

So denken wir dies und das, hin und her und finden das Wesentliche nicht. Nochmals das Zitat:

> „Ihr müsst denjenigen erkennen, der mit
> diesen Reflexionen spielt." Linji,S.53

Linji lehrt damit: Was gesucht wird, ist das Vorhandene. Der Endpunkt ist der Wahrnehmende, bin ich. Das Ich ist der Anfangspunkt. Es ist auch der Endpunkt. Aber dafür braucht man nicht unbedingt die Wahrnehmung von Aussendingen.

Ob man es „Ich" nennt oder nicht: Immer geht es um einen Zustand *über der eigenen Bewusstheit*. Das, was wir suchen, steht über der eigenen Bewusstheit, und wir können es nicht auf unsere Seite herüber ziehen.

Und das Verhältnis zu den Dingen (auf ihrer Ebene und im Mass ihrer Realität) besteht in dem, was ich hier GLEICHZEITIGKEIT nenne. Das folgende Zitat erklärt das.

ZEITLOSES WESEN IN ZEITLICHEN DINGEN

> „Das wunderbare Wesen des Universums
> ist ursprünglich Leere, ohne ein einziges
> Ding, das man ergreifen und festhalten
> könnte. Die wirkliche Leere des eigenen
> Wesens ist genauso.

> Verehrte Zuhörer, ihr hört mich nun über

die Leere sprechen, aber ihr dürft nicht daran festhalten. Wenn ihr euch bewegungslos hinsetzt und euren Geist zur Leere macht (keine Gedanken aufkommen lasst), werdet ihr nur in einen verschwommenen Zustand der Leere verfallen (...)

Verehrte Zuhörer, die grosse, weite Leere des Universums enthält alle Zehntausend Dinge, Farben und Formen. Sie enthält die Sonne, den Mond, die Sterne, Berge, Flüsse, Quellen und Schluchten, sämtliche Bäume, schlechte Menschen, gute Menschen, schlechte Dinge, gute Dinge, das Paradies, die Hölle, den ganzen grossen Ozean, den Berg Sumeru und die anderen ihn umgebenden Berge. Sie sind alle inmitten dieser Leere. Die Leere des Wesens der Menschen ist genauso. (Hui-neng, S.109)

NUR EIN EINZIGES SELBSTGEFÜHL

In GLEICHZEITIGKEIT werden soeben viele Milliarden von „ICHS" in ihren Körpern lebendig. So viele Körper dieser Art: so viele ICHS dieser Art, so viele Bewusstheiten. Milliarden von Menschen und deren Verschiedenheiten sind in ihrem Wert EIN und DASSELBE.

Es gibt nur ein einziges Selbstgefühl, und dieses verteilt sich mühelos auf alle Menschen.

Ist somit, was als GLEICHZEITIGKEIT bezeichnet wird, in die Welt *eingegangen?* Eingegangen und präsent natürlich schon, aber nicht darin *aufgegangen*. SIE ist nicht geteilt und aufgesplittert worden.

Kommentar:

> Wegen dieser Überzeugung zweifle ich am Sinn der theoretischen Physik, die nicht davon ablässt, die Welt mit mathematischen Formeln erklären zu wollen. Sie ignorieren, dass sie mit ihren Messapparaten weder die Existenz ihrer selbst noch die ihrer Messapparate erklären können. Ausserdem ignorieren sie das, was sie nicht messen können.

DIE ECHTE IDENTITÄT

Das menschliche Denken und Wissen ist sehr weitgehend eine Erregung von Nerven. Eine Besinnung sollte eine Beruhigung der Nerven bringen und heilsam sein. Auch umgekehrt: Eine Beruhigung der Nerven kann von selbst mehr vom SINN und den Zusammenhängen offenlegen.

Darum gilt im (Raja-) Yoga, dass das Aufhören aller Bewegungen *im Bewusstsein* ein erstrebenswerter Zustand ist. (Patanjali, Sutra I,2).

> „Yoga ist jener innere Zustand, in dem die seelisch-geistigen Vorgänge zur Ruhe kommen."

und Sutra I,3
> „Dann ruht der Seher in seiner Wesensidentität."

Das ist der Zustand „ohne Gegenüber".

GLEICHZEITIGKEIT von ALLEM ist eine einfache Sache, so einfach, dass man es nicht glaubt und die Spaltung *vorzieht*. Und dann muss man es wieder zusammenfügen.

> „Die plötzlich aufblitzende Einsicht, dass Subjekt und Objekt eins sind, führt euch zu einem zutiefst geheimnisvollen wortlosen Begreifen, und durch dieses Begreifen werdet ihr zur Wahrheit des Zen erwachen." (Huangpo, S.104)

BEMÜHUNG, NICHTBEMÜHUNG

WIE KANN MAN DAS FRAGEN?

Die Frage „Ist Bemühung um etwas Geistiges sinnvoll?" lässt sich nur unter gewissen Voraussetzungen stellen.

Welches sind die Voraussetzungen?

Voraussetzung ist, dass etwas Geistiges oder Höheres *überhaupt bekannt ist und akzeptiert wird.*

In den Fällen von völliger Anspruchslosigkeit und
Fremdbestimmtheit, erübrigt sich eine Diskussion.
So wie ich sehe, beurteilen die meisten Leute ihren
Geisteszustand als ausreichend erleuchtet, sie ver-
missen nichts. Also suchen sie auch nichts.

Andererseits gilt:
Seitdem diese Form von Körper (homo sapiens)
entstanden ist, wohnt ein Wahnsinn auf der Erde.
Die Menschenwelt hat sich vom kosmischen Sinn

abgelöst, hängt in der Luft und ist ein vergängliches Werk. Die gesamte zur Zeit gültige Weltanschauung steckt voll von Trieben und wahnhaften Zielvorstellungen, die keinen Bezug auf einen kosmischen SINN haben. Für die Gesamtheit der Menschheit mag wohl der Fortschritt und die Vermehrung von Wohlstand, Erhaltung der Gesundheit und Fortpflanzung auch weiterhin im Vordergrund stehen. Für den Einzelnen, der mitten in diesem Geist leben muss, ist all das nicht ausreichend.

Der Mensch lebt nicht vom Brot allein, heisst es. Es gibt wohl keinen Menschen, der sich nicht in einem grösseren Zusammenhang sehen möchte: im Licht von einem kosmischen Sinn.

BEMÜHUNG ALS TUN UND MACHEN

Dass eine direkte Bemühung um ein spirituelles Weiterkommen in Europa wenig populär ist, hat verschiedene Ursachen, die alle in der Vergangenheit liegen. Sowohl die Religion wie auch die Aufklärung haben geschadet.

So hatten die von Moses her abgeleiteten Unterwerfungsreligionen einen Einfluss, besonders das Christentum. Das steckt noch tief drin, und daher wird ein Mensch immer noch zur Unterwerfung und Einordnung angehalten, auch in seinem ökonomischen Verhalten. Der Gebrauch des kritischen Verstands wird seit der *Aufklärung* immerhin erlaubt, wenn auch nur für ganz bestimmte Bereiche: für Fortschritt, fürs Geldverdienen, fürs Funktionieren. Dagegen werden religiöse Fragen und Sinnfragen strikt ausgeklammert. Da wäre aber das geistliche Brot zu suchen. Im privaten Rahmen gibt es eine gewisse Offenheit für Sinnfragen immer noch. Aber wo ein Einzelner es allzu ernst nimmt mit einem Suchen nach einem „Sinn" im Leben, wirkt er bald mal absonderlich, wenn nicht gar psychopathisch. Viele werden dann aus der materialistischen Gesellschaft exkommuniziert. Sie werden oft in die ebenfalls materialistische Psychiatrie und Therapie getrieben, damit sie sich anpassen sollen.

So ist Sinn und Sinnsuche heutzutage das Unangemessene. Jeder muss aufpassen, dass er sich damit nicht die Karriere versaut und etwa als unzuverlässiger Arbeitnehmer eingeschätzt wird.

Wir haben uns in der sogenannt „westlichen" Kultur bestimmt zu einseitig entwickelt, und jetzt erleben wir, dass wir an Grenzen kommen. Die Natur schlägt zurück. Die Ausrottung von Lebewesen und Pflanzen trifft uns selbst. Ein Leben in einer Betonwüste macht krank. Gerade wegen GLEICHZEITIGKEIT müssen extrem einseitige Entwicklungen korrigiert werden. Aber wenn die Natur von selbst korrigiert, ist für den einzelnen Menschen der Sinn noch nicht gewonnen.

Was die Bemühung um Sinn und das Geistige anbelangt, wäre an und für sich die indische und ostasiatische Kultur besser geeignet gewesen, eine harmonische Entwicklung zu ermöglichen. Insofern nämlich, als dort immer die Rede davon war, dass sich ein Mensch *bemühen* sollte, um höhere Dinge zu verstehen. Er sollte sich bemühen, *um in den Kosmos hineinzuwachsen*. Der Einzelne sollte Klarheit gewinnen, sich transformieren, um die eigenen Grenzen zu überwinden und *ein reines Wesen zu werden*.

ÜBUNG ODER GEISTESBLITZ?

Vorausgesetzt, dass eine Bemühung akzeptiert wird, entsteht sekundär eine Diskussion darüber, *welche* Bemühung die richtige ist, und ob es etwa eine richtige oder falsche Technik für das geistige Fortkommen gibt.

Mir liegt es überhaupt nicht, auf Übungstechniken einzugehen. Wenn ein Mensch sich von etwas Höheren angezogen fühlt, wird sich ein Weg von selbst abzeichnen. denke ich. Entscheidend ist wohl eine gewisse Besessenheit von dem, was man „das

Höhere" nennt. Das Höhere tut sich kund, es führt vielleicht zu einem Auflehnungswunsch, zu Neinsagen, zu einem Freiheitsstreben. Vielleicht tut sich das „Höhere" auch durch vage Ahnungen und Wünsche kund. Führt das nun zu einer eigentlich Bemühung?

Ramana Mahrischi sagte zu diesem Thema:

> „Es gibt einen Zustand jenseits von
> Anstrengungen und Anstrengungslosigkeit"

aber er fügt hinzu:

> „Solange er nicht erreicht ist, sind
> Anstrengungen notwendig."

Eine andere Anstrengung (Übung) haben wir bereits kennen gelernt. (Patanjali, Sutra I,2).

„Yoga ist jener innere Zustand, in dem die seelisch-geistigen Vorgänge zur Ruhe kommen."

Diese Art Anstrengung würde das Ruhen, die Regungslosigkeit betreffen, das Loslassen des Überflüssigen. Das ist es, was den Menschengeist mit GLEICHZEITIGKEIT vereinigen kann.

Der folgende Spruch von Seng Ts'an warnt allerdings vor Unterdrückung der natürlichen Regungen:

„Will man die Bewegung des Geistes zum Stillstand bringen, dann führt gerade dies zur völligen Bewegung. Seng-ts'an, S. 18

Warum wohl? Einen weiteren Ansatz hat Linji. Seine Übung ist auf das Jetzt gerichtet.

„Wirklich ist das Jetzt, es führen keine Stufen dazu." Linji, S.69

"Sich dem ES, das sich natürlich bewegt und wirkt, zu überlassen, das nenne ich Selbstvertrauen; das ist das überschreitende Verstehen." Linji, S.129.

Hier ist auf einmal Selbstvertrauen erwähnt. Sich auf sich selbst vertrauen, ist gemeint. Auf nichts Anderes.

Das Thema Bemühung, Bewahrung und Anstrengung wird im Folgenden nochmal anders illustriert:
Im alten China wurde die Lehre von der Plötzlichkeit der Erkenntnis gelehrt. Damals gab es grosse Klöster, in denen sich Hunderte von Mönchen um Erleuchtung bemühten, sich abkrampften für die Erlösung (Askese), und da kam es vor, dass der Abt

eines solchen Klosters vor die Leute trat und von der Plötzlichkeit der Erkenntnis sprach:

> Während er in die Versammlungshalle trat, sagte Seine Ehrwürden: »Der Besitz vieler Arten von Kenntnissen lässt sich nicht mit dem Aufgeben der Suche nach irgend etwas vergleichen. Das ist das beste aller Dinge. Es gibt nicht verschiedene Arten von Geist, und es gibt keine Lehre, die in Worte gefasst werden kann. Da nichts weiter zu sagen ist, ist die Versammlung geschlossen.« Huangpo, S.73

Es liegt in der menschlichen Natur, dass alle lieber den Geistesblitz empfangen würden, anstatt sich lange zu üben. In Wirklichkeit ist es aber nicht so, dass man wählen kann und sagen kann: So, ich nehme den Geistesblitz!

In der Regel haben Geistesblitze eine Vorgeschichte, eine Vorübung. Der virtuose Musiker kann vielleicht an einem Abend genial spielen; er hat aber ein Leben lang am Instrument geübt vorher.

ENTSPANNUNG UND HINGABE

Dann ist noch Entspannung zu erwähnen. Das Wort Entspannung kennen wir alle. Was ist das? Wozu führt das?

GLEICHZEITIGKEIT ist zweifellos ein Geisteszustand mit Entspannung, sogar eine restlose Entspannung. GLEICHZEITIGKEIT bewirkt, dass ich mich der Wirklichkeit anpasse und mein Nervensystem und Denken sich beruhigen.

GLEICHZEITIGKEIT ist dabei restlose existenzielle Entspannung, *hebt das Gegenübersein auf.*

Wenn wir Entspannung ein wenig von Yoga oder vom Autogenen Training her kennen, mag das ein Verständnis dafür erwecken, was denn alles noch möglich wird, wenn man es mit der Entspannung weiter treibt bis in jeden Winkel hinein und bis zum letzten Rest.

Wenn die Entspannungsübungen, die die Leute in so Kursen machen, in geistiger Hinsicht kaum je weiter führen, liegt der Grund darin, dass diese Arten von Entspannung begrenzt sind und überhaupt nie die Beendigung der Irrens bezwecken, geschweige denn eine Hingabe an etwas Höheres.

URZUSTAND

Hingabe an etwas Höheres ist identisch mit dem Finden des Urzustands. Dieser ist an und für sich im Verborgenen immer gegenwärtig. Linji:

> "Ihr, der Mensch, der jetzt und hier den Dharma hört - bei ihm gibt es kein Zuwenig und kein Zuviel. Er ist, so wie er ist, DIESER MENSCH. Warum wollt ihr IHN durch Übung wiedererlangen, IHN erleuchten und verherrlichen? Dieser Mensch, der jetzt und hier den Dharma hört, er ist nichts, was man durch Übung als etwas Äusserliches erfassen könnte, und er ist nichts, was man zu seiner Herrlichkeit zurückführen könnte. Wenn jedoch der Mensch, der jetzt den Dharma hört, selbst alles Existierende verherrlichen will, dann kann er dies sofort und unmittelbar, indem er alles in seiner Soheit in sich aufnimmt und mit ihm verschmilzt. Gerade das bedeutet, alles verherrlichen und zu erhöhen. Seid ihr selbst erleuchtet, ist die ganze Welt erleuchtet." ... Linji, S.90

Kommentar: Das Wort Dharma bedeutet hier die „kosmische Ordnung" oder die „richtige Lehre" davon.

Und das Wort „Soheit" dürfte wohl das Akzeptieren des Moments sein.

GLEICHZEITIGKEIT IST AUCH (V)ERGEBUNG

> „Erlangen verlieren, richtig falsch...lasst all das mit einem Mal fahren.. (..)Wenn sich kein Geist erhebt, sind die zehntausend Erscheinungen ohne Fehler." Seng Ts'an, S.23 und 20

Erkennt ein Mensch die GLEICHZEITIGKEIT als die Wurzel aller Dinge, so wird er sich von den einzelnen Dingen weniger stark beeinflussen lassen. ANWESEND ist das, was alles ist, gleichzeitig, daher wird man den Eigenschaften der einzelnen Dinge weniger Bedeutung beimessen.

Mit anderen Worten: GLEICHZEITIGKEIT wirkt sich auf die eigene Positionierung aus. GLEICHZEITIGKEIT führt den Menschen ins Ganze hinein,und es erfolgt im Idealfall eine Ergebung in das, was ist. Und damit verbunden ist eine Vergebung angesichts von allen giftigen, bösartigen Wirkungen, die die auch noch da sind. Zu denken ist auch an die Wirkungen, die sich aus Konflikten mit anderen Menschen ergeben.

Ausserdem kann aus GLEICHZEITIGKEIT heraus auch die Vergebung folgen: sich selber kann man vergeben, sich vergeben etwa, dass man sich so getrieben fühlt, so dumm ist, Fehler gemacht hat.

Natürlich ist es schwierig, die GLEICHZEITIGKEIT anzuwenden auf das eigene Leben und die eigenen Erlebnisse. *Nie* wird ein Mensch ganz frei von einem Urteilen, frei von Reaktionen und Willensregungen und Trieben sein. Die Frage bleibt aber, in welchem Zusammenhang derselbe Mensch seine Urteile, Reaktionen und Willensäusserungen zu sehen vermag. (Wir klammern Notwehrreaktionen hier natürlich aus.)

GLEICHZEITIGKEIT bedeutet so etwas wie eine momentane Gesamtschau, nicht Passivität und Stillstand, *sondern dass das Spiel zu spielen ist.* Ich zitiere noch einmal Agnes Martin:

> „Die Betroffenheit von transzendenter Wirklichkeit und unsere Reaktion darauf in der konkreten Wirklichkeit lenkt uns auf unserem Weg - nicht wirklich auf einem Pfad oder zu einem Tor - sondern zu einem passenden Ausdruck." Agnes Martin, S.146

In diesem Sinn vereinigt jeder Mensch zwei ganz verschiedene Dimensionen. GLEICHZEITIGKEIT ist die eine. Sie führt zu einer Entwertung der anderen, der weltlichen Dimension. Aber der Mensch nimmt gleichzeitig an der weltlichen Dimension teil.

Ein Geisteszustand ohne Argumentationen und ohne Schuldzuweisungen ist das Geschenk, das uns die GLEICHZEITIGKEIT schenkt.

Was jetzt gerade ist, ist das Einzige, das jetzt gerade sein kann.

Wir müssen nicht passiv zuschauen. Was jetzt gerade ist, kann unsere Reaktion oder unsere Tat verlangen.

Was geschieht, gleicht einem Räderwerk, in welchem wir selbst miteinbezogen werden. In diesem Räderwerk wird man die Rolle spielen, die man spielen muss und die im Licht der GLEICHZEITIGKEIT eine Erscheinung ist, die gekommen ist und sich entwickelt.

Dazu sagen Zenmeister: Es gibt im Kosmos kein Zuwenig und kein Zuviel.

Die Frage nach Bemühung und Nichtbemühung ist gelöst: Es geht immer um die Gegenwart.

SCHLUSSWORT

Habe ich GLEICHZEITIGKEIT zerredet? Nein, denn es ist so, dass sie durch Worte gar nicht einfangen werden kann. Was sollte ich sonst tun? Ich dachte, es ist sinnvoll, wenn ich SIE wenigstens erwähne und ihre Unvergleichlichkeit durch Vergleiche andeute.

Ich habe auch versucht, etwas für die Praxis zu machen, für die Denkpraxis, sowie als Anregung für das Nichtdenken.

Ich versuchte zu zeigen, dass GLEICHZEITIGKEIT als Tatsache erlebt werden kann. Einen Zustand der Entgeistertheit vielleicht könnte man es nennen.

Wenn man einsieht, dass die ganze Welt gleichzeitig entsteht, begreift man besser, dass es Dinge nicht wirklich gibt. In unserer Anschauung sind sie zwar wirklich, aber unsere Anschauung hat eben ihre Bedingtheit, und die Realität wird in einem sekundären, dualistischen System erst erzeugt.

Die so erzeugten Realitäten wurden in diesem Buch teils auf ihre Relativität hin durchleuchtet.

111

Es kamen einzelne „erschienene" Dinge zur Sprache, wie Galaxien, Planeten, Energien, menschliches Leben, menschliches Genom bis hin zur Tatsache, dass wir denken können und zu Essen und zu Trinken haben. Und das ging weiter zum Glauben, Religionen, Wissenschaften, zu Kultur und Technik, weil wir in unserer Menschenwelt Kultur, Technik und Wissenschaft kennen und damit unser Bewusstsein füttern.

Zur Illustration habe ich auch Bilder verwendet, die Symbolkraft oder Attraktivität für die Seele haben.

Die Treppe hoch, ins obere Stockwerk, zum Ausblick, in die Freiheit. Frühe Kulturen nahmen sich Bäume vor, um tatsächlich in deren Wipfel hinauf zu steigen (gelesen bei Mircea Eliade). Später haben sie wohl nur einen zugeschnittenen Stamm auf den Dorfplatz gestellt und den Aufstieg meditativ vollzogen oder vielleicht durch Tanz.

Man muss das nicht allzu ernst nehmen.

Symbole für den Aufstieg kennen wir heute noch im Bild der Himmelsleiter, dem Turm zu Babel, den gotischen Kirchen, den Pyramiden, dem Himalaya und den anderen Berggipfeln, welche Alpinisten besteigen wollen. Und nicht zuletzt in der Raumfahrt.

Die Symbole für den Aufstieg deuten an, dass es ein Aufgestiegensein im Geist gibt. Von da her kommt diese Dynamik.

Ich hoffe, dass GLEICHZEITIGKEIT durch solche Symbolik und auch direkt als gegenwärtige Tatsache erkannt wird!

Was wirklich ist, geschieht jetzt, ist eine Totalität, eigentlich braucht es keine Bilder, keine Umwege dafür. Ohne Widerspiegelung, ohne Weiteres geschieht alles gleichzeitig.

LITERATURVERZEICHNIS

Agnes Martin, Writings, hg. Dieter Schwarz,
Kunstmuseum Winterthur

Hui-neng, (638-713) Das Sutra des Sechsten
Patriarchen,
Kommentare von Soko Morinaga Roshi, in
Übersetzung von Ursula Jarand

Patanjali, (Lebenszeit zwischen 200 vor Chr. und
400 nach Chr.) Die Yoga-Sutren, übers. Bettina
Bäumer.

John Blofeld, Jenseits der Götter, 1976

Upanischaden, Arkanum des Veda (in Textform ca.
ab 6. Jh. vor Chr.), direkt übersetzt aus Sanskrit von
Walter Slaje, 2009

Bettina Bäumer, Befreiung zum Sein. Auswahl aus
den Upanischaden, 1986

Thomas Dunn, Gleichzeitigkeit, immer. 2016.
Verlag tradition

Ekkehart, Meister Eckhart (ca. 1260-1328),
Predigten und Traktate, hg. Josef Quint, 1963

Laotse (ev. 604-531 vor Chr.), TaoTeKing oder
daodejing. (der Text wurde später ca. 400 v. Chr.
geschrieben) übers. Richard Wilhelm

Der Koran, übersetzt von Hartmut Bobzin, 2010

Seng-ts'an (ev. 510 bis 606)
Kommentare von Soko Morinaga Roshi,
Übersetzung von Ursula Jarand

Linji. (800-866) Das Denken ist ein wilder Affe.
Kommentare von Soko Morinaga Roshi,
Übersetzung von Ursula Jarand

Huang-po (770-850, Der Geist des Zen. hg. und
übers. von John Blofeld. Übersetzer ins Deutsche
wird nicht genannt. 1983

Ramana Maharischi (1879-1950), Gespräche des
Weisen vom Berge Arunachala,
Ansata Verlag,1984

„Ramana Maharshi und die Suche nach dem

Selbst", hg. Lucy Cornelsen, Ansata Verlag 1979

Liä Dsi: Das wahre Buch vom quellenden Urgrund

Dschuang Dsi, Das wahre Buch vom südlichen
Blütenland

Wikipedia

meine homepage

www.dunn.ch

Zeitfracht Medien GmbH
Ferdinand-Jühlke-Straße 7
99095 Erfurt, Deutschland
produktsicherheit@kolibri360.de